特色课程建设丛书

丛书主编　杨四耕

费玉新　等◎著

学校美育课程的立体建构

菁华园课程的逻辑与框架

华东师范大学出版社

·上海·

图书在版编目(CIP)数据

学校美育课程的立体建构：菁华园课程的逻辑与框架/费玉新 等著. —上海：华东师范大学出版社,2020
（特色课程建设丛书）
ISBN 978-7-5760-0610-0

Ⅰ.①学… Ⅱ.①费… Ⅲ.①美育－课程改革－眼界－初中 Ⅳ.①G633.950.2

中国版本图书馆 CIP 数据核字(2020)第 211200 号

特色课程建设丛书

学校美育课程的立体建构：菁华园课程的逻辑与框架

丛书主编　杨四耕
著　　者　费玉新 等
责任编辑　刘　佳
项目编辑　林青荻
特约审读　李　鑫
责任校对　张　筝　时东明
装帧设计　卢晓红

出版发行　华东师范大学出版社
社　　址　上海市中山北路 3663 号　邮编 200062
网　　址　www.ecnupress.com.cn
电　　话　021－60821666　行政传真 021－62572105
客服电话　021－62865537　门市(邮购)电话 021－62869887
地　　址　上海市中山北路 3663 号华东师范大学校内先锋路口
网　　店　http://hdsdcbs.tmall.com

印　刷　者　常熟高专印刷有限公司
开　　本　787 毫米×1092 毫米　1/16
印　　张　11.75
字　　数　177 千字
版　　次　2021 年 3 月第 1 版
印　　次　2024 年 3 月第 2 次
书　　号　ISBN 978-7-5760-0610-0
定　　价　36.00 元

出 版 人　王　焰

(如发现本版图书有印订质量问题,请寄回本社客服中心调换或电话 021－62865537 联系)

编委会

主　编

费玉新

副主编

刘文晶

编　委

蒋守胜　蔡成德　许志文　贡　波　郁乐伟

马　兵　孙静娜　陆宇平　包云峰　陆　铭

丛书总序　走向课程自觉

这是一个焦虑的时代,每一个人都忙忙碌碌;这是一个无坐标的时代,很多人都不知身处何方;这是一个看不见路的时代,大家都不知该如何去面对新的情境;这是一个感觉模糊的时代,对很多事我们缺乏了应有的自觉和反思。

面对这样一个时代,我们需要有起码的文化自觉。在费孝通先生看来,文化自觉是生活在一定文化历史圈子里的人对其文化有"自知之明",并对其发展历程和未来有充分的认识。换言之,文化自觉就是文化的自我觉醒、自我反省和自我创建。

要提升学校课程品质,实现立德树人根本任务,文化自觉是不可或缺的。在我看来,课程领域的文化自觉就是课程自觉,它是人们基于对课程的理性认识,为着课程品质的提升而有清晰的目标意识和科学的路径观念,自觉参与课程变革实践的理性之思与理性之行。

课程自觉是一种有密度的自觉,它不是一个简单概念,而是一种思想、一种行动、一种文化,包含课程自知、课程自在、课程自为、课程自省以及课程自立等基本构成。推进特色课程建设,我们需要怎样的课程自觉呢?

1. 清晰的课程自知。课程自知是人们对特定课程情境的自觉理解,对课程理念和愿景的清晰判断,对课程内容和框架的基本认识,对课程实施路径和方位的整体把握。认识课程,认识自我,这不是一件容易的事。对一位校长来说,课程自知意味着对学校课程规划的整体理解,自觉研判学校文化与课程建构的关系、育人目标与课程架构的关系、资源调配与课程实施的关系;对一位教师来说,课程自知意味着对学科课程群建设的自觉思考,自觉跳出"课程即科目"、"课程即教学内容"等狭隘的课程观,建立与立德树人要求相适应的崭新课程观。

2. 透彻的课程自在。萨特说:存在先于本质。他曾将存在分为自在的存在和自为的存在,自在的存在是物体同其本身等同的存在,自为的存在是同意识一起扩展的存在。课程自觉需要深刻理解课程自在的文化,需要完整把握课程自在的处境,需要清晰认识课程变革的制度环境和现实可能,进而意识到哪些是可为的,哪些是不可为的;哪些是必须做的,哪些是可选择的;哪些是自己即可为的,哪些是需要制度支持的。

3. 积极的课程自为。按照萨特的观点,自为的存在是自我规定自己存在的。意识是自为的内在结构,自为的存在就是意识面对自我的在场。对课程变革而言,课程主体按照课程发展规律,通过自身的自觉行为和实践实现课程品质的提升,就是课程自为。课程自为意味着我们对课程自在的不满足,意味着我们开动脑筋思考课程变革的空间,意味着我们通过直面本己的课程实践培育新的课程文化,意味着我们在积极的卷入中推进课程深度变革。

4. 深刻的课程自省。课程自省即课程反思。杜威(1933)曾将反思解释为"思,我所思(thinking about thinking)",他鼓励专业人士审思每一个专业判断之下的潜在逻辑。课程变革是一种反思性实践,需要对实践进行反思,再将反思带到新的实践中去。反思性实践是一种主动且持续地审视理论、信念和假设的过程,它可以帮助我们在课程实践中更好地理解自我与他人,选择合适的方式应对可能的情境。课程反思是凌驾于思维之上的更高层次的反思。当你站在既定的框架里去检查这些规则的时候,是无法发现这些规则的问题的;如果你可以跳脱出来,不带评判和预设地去分析这些规则,其中的不妥之处就会被你看到。课程反思是一种能力,当你掌握了这项能力的时候,你就像"觉醒"了一样,一样的世界,你却会有不一样的"看法"。这就是哈贝马斯所谓的"沟通理性"概念,提升课程品质特别需要这样一种理性:反省、批判和论证。

5. 持守的课程自立。《礼记·儒行》:"力行以待取。"每一个人只有在自己的行动中,才能发现自己,才能向世界宣布他具有怎样的价值。课程自立是一个人认识到课程变革是自己的事,要有自己的立场、自己的创见,自持自守,不为外力所动,不随波逐流,进而"回到粗糙的地面"(维特根斯坦语),自觉参与到课程变革中来。课程自立本质上是在课程自知、课程自在、课程自为以及课程自省的作用之下,依靠自己的自觉和力量对课程实践有所贡献,并在此过程中逐渐提升自己的课程能力和专业成熟度,确证自己的"课程人"地位,成为"自己的国王"。

当我们有了清晰的课程自知、透彻的课程自在、积极的课程自为、深刻的课程自省以及持守的课程自立的时候,我们便作为"有创见的主体"主动地介入到课程设计、实施、评价与管理的全过程之中了,学校课程深度变革便自然而然地发生了。

费孝通先生说:"文化自觉是一个艰巨的过程。"让课程意识从"睡眠状态"、"迷失状态"到"自觉状态",也是一个艰难而痛苦的过程。可喜的是,本套丛书的作者秉持课程自觉之精神,聚焦特色课程建设,在课程自知、课程自在、课程自为、课程自省和课程自立方面掘进,迎来了课程变革的新境界!

杨四耕

2020 年 7 月 3 日于上海市教育科学研究院

目　录

　　语萃园课程包含语文课程群、英语课程群等语言类课程。海德格尔说：语言是存在的家。语言课程的功能是引导学生正确使用语言，交流思想，提升学生的社会交往能力，让学生经由语言感受生命的意义。

第二章　慧华园课程：从逻辑思维迈向美学思维　/ 25

慧华园课程包含数学、信息技术等数理逻辑课程。数学有独特的魅力，是自然科学的语言，在内容、结构以及方法方面，有培育学生空间想象能力、逻辑推理能力以及综合运用能力的独特功能。

▎数学课程▎　体悟逻辑与思维之美　/ 26

第三章　科创园课程：终极的美是客观的　/ 51

科创园课程包含物理、化学、生物等课程。科学和艺术之间可能是相通的。科学之美是独特的，有对称之美、秩序之美、神圣之美、纯真之美、理性之美、简洁之美……其功能是调动学生多感官观察、辨识和操作，发现其中的奥妙。

▎物理课程▎　还原自然之美的探究文化　/ 52

第四章　健美园课程：有一种美叫健康　/ 83

健美园课程包含体育课程群、心理辅导课程群等课程。美是一种追求，健康是一种态度。对学校而言，美和健康更是一种教育价值。健美园课程强调训练运动技能，让学生学会支配自己的身体，更好地理解他人、提升自我。

第五章　艺韵园课程：看见艺术的力量　/ 109

　　艺韵园课程包含音乐、美术、综合艺术等课程。艺术美存在于一切种类、样式的艺术作品中,如雕塑、绘画、音乐、舞蹈、戏剧、电影等其功能在于陶冶性情、娱乐身心、净化灵魂,发展个性特长,提高综合素养。

第六章　馨德园课程：震撼每一个人的心灵　/ 133

　　馨德园课程包含道德与法治、历史、地理等课程。亚里士多德指出:"伦理德性帮助人们找到合理原则,使其行为合乎中道;理智德性使人触及普遍的本质,使人们的行为合乎完满德性。"让德性成为内心世界的品行,这便是馨德园课程的使命。

后记　/ 161

序

　　2019年，习近平总书记在全国教育大会上指出，要全面加强和改进学校美育，坚持以美育人、以文化人，提高学生审美和人文素养。早在2015年9月，国务院办公厅就印发了《关于全面加强和改进学校美育工作的意见》(以下简称《意见》)，明确提出："义务教育阶段学校美育课程要注重激发学生艺术兴趣，传授必备的基础知识与技能，发展艺术想象力和创新意识，帮助学生形成一两项艺术特长和爱好，培养学生健康向上的审美趣味、审美格调、审美理想。"总书记关心美育问题，党和国家高度重视美育工作并提出明确要求。当前学生生活过于单调，学习负担沉重，学生人文素养不高，审美能力缺失，学生的全面发展没有得到很好的实现。特别是初中阶段，过重的课业塞满了学生的全部时间、空间，学生的想象力和创造力培养受到严重束缚，在这样的背景下，美育就变得尤为重要。学校需要以美育来改造、优化学生的生活，营造审美的教育文化。

　　义务教育阶段正是学生人格养成的关键阶段，也是学生创造力培养的重要阶段。美育的目标就是促进人的感性和理性和谐发展，陶冶情操，培养完整的人。中华优秀传统文化包含着丰富的美育思想，中华美学精神重视人的精神境界的培养。《论语·阳货》篇中，孔子曰："《诗》可以兴，可以观，可以群，可以怨。""兴"和"观"都是诗歌(艺术)对于个人的意义，而"群"与"怨"则是其社会功能之体现。这正是将美育中的个人审美体验与社会作用效果相联系的一种经典表述。可见，美育不仅仅是个体的完整和谐发展，也包括个人人格境界的提升、家国情怀的培养，美育是培养德智体美劳全面发展的建设者和接班人的需要。

　　美育已经不仅仅是艺术教育，而是包括艺术教育在内的促进学生全面发展的大美育。大美育就是指将审美精神渗透到学校的全部教育生活中，学校教育的各个环节都应该是美的，都应该充满美的追求。我初中的母校江苏省南菁高级中学实验学校提出"向着美的方向奔跑"的教育追求，就体现了对美学精神的实践。在这一理念的指导下，南菁实验学校探索出了全部课程审美化渗透的方案，形成了《学校美育课程的立体建构：菁华园课程的逻辑与框架》这一成果。我非常赞同学校进行美育课程整体建构的思路，他们在学校美育课程开发过程中作出了非常有价值的探索：

第一，将美学上升到学校教育哲学的高度，提出"向着美的方向奔跑"这一办学理念，在此基础上，建构了学校的课程逻辑，形成了美学与教育高度契合的美育课程体系。整个学校教育就是"菁美教育"，就是师生一起寻找美、追求美的经历，用他们自己的话说就是"南菁实验的课程是一幅美丽的生命画卷"，是以美学精神统领学校全部课程的审美建构。南菁实验将课程整合为语萃园课程、慧华园课程、科创园课程、健美园课程、艺韵园课程、馨德园课程等六大课程板块，这六大课程板块覆盖了初中教育的全部课程，实现了对学生核心素养的整体关照。

第二，注重学科的审美元素的挖掘，体现了科学与艺术统一的课程开发理念。南菁实验学校充分挖掘学科的审美元素，在实践中总结提炼出了各个学科美的特质，如将语文学科的美概括为"跃动灵性之美的语言智慧"，将数学学科课程概括为"体悟逻辑与思维之美"，基于物理、化学、生物学科开发出"还原自然之美的探究文化"，基于音乐、美术等学科引领学生体验"人类精神世界的旋律之美"等。这些提炼和概括体现了老师们对学科本质的认识。按照这样的整体设计，南菁实验追求课程育人价值的最大实现，按照每一学科的规律来教学，按照学生生命成长规律来教育。

母校南菁实验已经走过了 137 年的历史，形成了厚重的文化传统。我很幸运在这里度过了三年初中时光，在母校南菁学习的情景还历历在目。回忆在南菁的生活，当时学校给学生非常大的自主空间，让学生在活动中成长，学生可以按照自己的兴趣参加社团活动，正是丰富多彩的实践活动使学生的能力得到了培养。我非常高兴地看到母校南菁实验学校在课程建设方面取得的成绩，这本书是老师们智慧的结晶。我衷心祝愿母校南菁实验学校在新时代能以美学精神提升育人境界，弘扬南菁百年传统，培养出更多的人才。期待通过师生和家长的共同努力，构建集学校教育、家庭教育、社会教育相结合的综合课程教学体系，形成全科育人、全程育人、全员育人的良好局面，让美育渗透在学校教育的各个环节，努力让师生过上幸福的教育生活。

2020 年元月 4 日

前言 把美奉献给属于它的心灵

2015 年 9 月 15 日,国务院办公厅印发《关于全面加强和改进学校美育工作的意见》,文件指出：美育与德育、智育、体育相辅相成、相互促进,学校美育课程建设要以审美和人文素养培养为核心,以创新能力培育为重点,科学定位学校美育课程目标,开设丰富优质的美育课程;加强美育的渗透与融合,将美育贯穿在学校教育的全过程各方面,渗透在各个学科之中;加强美育与德育、智育、体育相融合,与各学科教学和社会实践活动相结合;挖掘不同学科所蕴涵的丰富美育资源,充分发挥语文、历史等人文学科的美育功能,深入挖掘数学、物理等自然学科中的美育价值;大力开展以美育为主题的跨学科教育教学和课外校外实践活动,将相关学科的美育内容有机整合,发挥各个学科教师的优势,围绕美育目标,形成课堂教学、课外活动、校园文化的育人合力。

江苏省南菁高级中学实验学校(以下简称南菁实验学校)是南菁书院旧址长出的新枝。2013 年,学校独立建制,成为一所纯初中优质学校。六年来,南菁实验学校一直在内涵发展的道路上思考着、探寻着,始终坚持扎根"南菁文化",以"守正笃实"的方式,向美而行,先后制定了《南菁文化润泽,师生共同成长(2014—2017)》和《课程化育南菁梦,科组行成中国风(2017—2020)》两个学校内涵发展三年规划,从制度上为学校内涵发展进行扎根菁园的设计,在操作上为学校内涵发展作出了着眼未来的探寻,在学校美育课程的立体建构方面进行了全面的梳理和设计。下面,我就学校育人目标的明确、办学理念的提炼以及课程的全面落实谈谈我们的思考与探索。

一、 确定育人目标，为学校内涵发展建起指引的灯塔

美育是审美教育,也是情操教育和心灵教育,不仅能提升人的审美素养,还能潜移默化地影响人的情感、趣味、气质、胸襟,激励人的精神,温润人的心灵。确定育人目标,并将育人目标转化为相应的课程目标是学校课程设计的基本前提;培养德智体美劳全面发展的社会主义建设者和接班人,是教育的根本任务。如何将这一国家育人目

标与深厚的南菁文化有机地融合呢?

在梳理百年南菁文化时,我们发现第二任江苏学政王先谦先生《劝学琐言》中的"由正学生正识,以实心行实事"语,既有机地包含了"五育并举"的要求,又较好地将南菁的育人目标具体化了。通过进行重新的提炼整合,南菁实验提出了"培养积正学、得正识、有实心、行实事的未来强者"的育人目标。

具体来说,"积正学",就是要"求良知,做真人,至善向美,正已律行"。"得正识",就是要"爱思考,勤探究,博学求真,守正出新"。"有实心",就是要"懂审美,能辨识,美益求美,灵动活泼"。"行实事",就是要"能实干,会健身,责任担当,勇于追梦"。

育人目标是通过课程目标去达成的,为了实现育人目标,我们把"积正学、得正识、有实心、行实事"这四个育人目标进行细化,形成不同年段的课程目标。

基于"菁美教育"之哲学以及学校课程目标,南菁实验建构了相应的课程逻辑与体系。

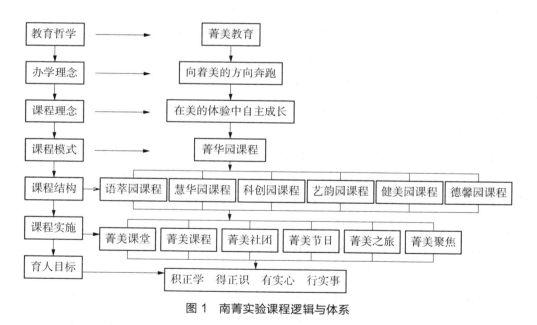

图 1　南菁实验课程逻辑与体系

学校整合国家课程、地方课程和校本课程,构建了"菁华园课程"体系,按照多元智能理论,将学校各类课程整合为六个"园子",即以培养学生语言与表达为主要任务的语萃园课程,以培养学生逻辑与思维为主要任务的慧华园课程,以培养学生科学与探索精神为主要任务的科创园课程,以培养学生运动和健美能力为主要任务的健美园课程、以培养学生艺术与审美能力为主要任务的艺韵园课程、以培养学生自我与社会意识为主要任务的德馨园课程,以促进学生德智体美劳的全面发展。

图2 菁华园课程示意图

每一个"园子"里的课程,又都是从"菁美课堂"、"菁美课程"、"菁美社团"、"菁美节日"、"菁美之旅"和"菁美聚焦"六个方面入手操作实施——以菁美课堂,落实国家基础课程;以菁美课程,丰富学科拓展课程;以菁美社团,活跃兴趣爱好课程;以菁美节日,厚实节庆文化课程;以菁美之旅,精细研学旅行课程;以菁美聚焦,进行以问题为中心的研究性学习,践行"菁美教育",实施"菁美课程",见证每一个孩子的成长。

学校课程是教育理念、教育目标和教育内容的主要载体。"菁华园"课程体系的建构,为学校内涵发展描绘了清晰的课程蓝图。南菁实验将通过"菁华园"课程体系的建构,为学生营造真正具有美学意蕴的成长环境。

二、 提炼办学理念，为学校内涵发展锚定课程的根基

所有的南菁人都习惯于将书院旧址称为"菁园"。南菁实验人，就是从对"菁园"二字的追问中开始对自己办学理念的探寻的。

"菁"在《汉典》的解释为：菁，本义韭菜花，泛指盛开的花。菁华，事物最精粹、精美的部分。菁，还会让人想到《诗经》中的"菁菁者莪"（乐于培育英材）。

这么美好的词汇，引发的就是人们对"美"的无限遐想，"菁园"，就是一个四季花香与书香互芬，鸟鸣声与读书声相谐的地方；就是一个充满美丽风景，培育美好少年的地方；"菁园"，就是要让像花儿一样的青少年在这里完善他们的美好人格，成就他们的美好未来；"菁园"，也要让生活于其间的园丁们美美地享受自己工作生活的美好。

"美"，不仅是"菁园"应有的特质，也是世界的最高价值。席勒说："美就是人性的完善。"苏霍姆林斯基也指出："美是道德纯洁、精神丰富和体魄健全的有力源泉。"

文明的目的就是创造美；人活着的目的就是体验美。美既是走向真、善、爱的基础，又是真、善、爱的和谐统一，只有通过美才能进入真、善、爱的境界。美是什么？美是和谐，是崇高，是主观与客观的统一；美是一种形式，也是一种价值，更是一种生命的体验；美是创造的源泉，也是人生的最高境界。南菁校训"忠恕勤俭"，指向的就是一种达到了美学境界的高尚人格。因此，南菁实验提出"菁美教育"之哲学。在我们看来，菁美教育是"以美为手段成全美的人"的教育，是素质教育的校本化理念与创造性实践的结晶。在本质上，菁美教育是心教育，直抵灵魂；菁美教育是暖教育，大爱在场；菁美教育是广教育，崇尚博雅；菁美教育是众教育，全息视野；菁美教育是魅教育，张扬个性。

基于上述理解，南菁实验学校提出这样的办学理念：向着美的方向奔跑。在我们看来，初中生处于价值观、人生观逐渐成熟的时期，他们理应在"菁美教育"的启迪下，不断寻美、逐美，"向着美的方向奔跑"。教育首先要唤醒人对美的意识，寻找人生的方向。我们坚信，"美的方向"并不单单是一种想象，也不仅仅是一个目标，还是一个过程，一个追求心中美好愿景的过程。

在教育实践上，南菁实验学校的"菁美教育"按层递分"发现美、感受美、欣赏美、创

造美"四步;据范围分"菁美校园、菁美自然、菁美社会、菁美生活"四部分;据表现分"心灵之美、语言之美、行为之美、环境之美"四方面。同时,把菁美教育引入学科教学,引领学生感受课程中的文美、意美、形美、神美及内涵美、规律美和思想美。学校以"菁美教育"为文化主题,读万卷书,让每一个学生享受"心灵之美"、"言行之美"、"书香之美"、"行知之美";行万里路,让每一个学生感受"美在自然"、"美在创造"、"美在探索"、"美在艺术"。我们努力把美奉献给属于它的心灵。

总之,办学理念的提炼,为南菁实验内涵发展锚定了坚实的基石。

三、 明晰课程理念，为学校内涵发展提供坚实的支点

基于上述教育哲学,着眼学生未来的成长,南菁实验提出如下课程理念:在美的体验中自主成长。这意味着,南菁实验的课程是一幅美丽的生命画卷,"美""体验""自主成长"是其间的关键词。对此我们做了如下思考:

课程即"美"的拥抱。学校教育的终极目标是让一切工作都可以实现艺术化,如课堂教学艺术化、德育艺术化、后勤服务艺术化……学校一切的教育活动和教育方式,从广义上讲,都是艺术活动。假如我们预先把这些教育活动和教育方式加以美化和诗化,使其成为一首诗、一幅画、一首歌,那么我们的学生就能更好地体验教育的魅力,感受教育的力量,从而成长为一个具有健全人格的人。基于培养目标的指向,学校应给予学生科学、艺术、人文三大类的知识。"科学"追求的是"真",给学生以理性和理智;"艺术"追求的是"美",给学生以感性,让学生富有激情;"人文"追求的是"善",给学生以"悟",让学生有信仰。因为,完美的知识渗透才能真正使学生的心灵得到滋养,挖掘一切美好的教育元素,用真善美温润学生的心灵。从这个角度说,南菁实验的课程,本质上就是美好的拥抱。

课程即生命"体验"。用生命的观点来理解课程,课程的价值追求就是生命的成长,或者说是对新一代生命价值的提升。这种追求不仅仅满足每一个生命体潜在生命力的开发与生长,而且努力达成生命之间的相互理解和认同。理解生命,是为求真;敬畏生命,是为求善;珍爱生命,是为求美。课程的展开过程,就是师生以其本真状态投入生命之流的过程。因此,南菁实验的课程,也要体现生命的眷注与提升的过程。其

实，经验就是能力，要让学生日趋成熟，不断成长，必须让学生关注社会、了解社会、参与社会，丰富学生的学习经历。知识的积累并不等同于能力的积累，将知识转化为能力，才是学生真正的经验习得。因此，我们的任务是指导和帮助学生积累并具有一定的学习知识的能力、环境适应的能力、人际交往的能力、交流思想的能力、开拓创新的能力、参与社会活动的能力，让经验成为孩子的财富，伴随他们幸福成长。

课程即"自主成长"。长久以来，我们的教育是以培养人的认知能力为核心的社会活动，现在，我们的教育是以立德树人为核心，以美为手段成全人之美好，其核心价值是对学生进行高雅文化的陶冶，让一种独立而又高贵的精神，从生命底色中慢慢显现出来，以主导自己的人生。美的教育是塑造人的灵魂的教育，美对人格结构的建构，对智能结构的建构，都起着定向、调节与整合作用。一个人的审美层次，决定他的人格结构与智能结构及其创造性才能的发展水平。课程不仅是简单的教科书，还包括了整个立体式的空间。这个空间是"灵动"的，因为灵动的课程是"全空间安排"和"全功能目标实现"。灵动的自然空间课程，使学生亲近自然、认识自然、研究自然、热爱自然、热爱生活、热爱祖国；灵动的社会空间课程，使学生认识社会、学习社会，培养对社会负责的意识；灵动的心理空间课程，使学生心理积极、心理和谐，能够具备正确价值观，为未来发展作好充分的知识、能力和智慧的准备。

我们将基于"在美的体验中自主成长"的理念建构"菁华园课程"模式。我们期待，菁美，将成为南菁实验精神深处的灵魂律令，学校的课程理念将为学校内涵发展提供坚实的"阿基米德点"。

席勒说："美就是人性的完善。"发展人性就是美育的价值。因此，我们十分注重校园文化环境的美育功能挖掘，充分利用广播、电视、网络、教室、走廊、宣传栏等，营造格调高雅、富有美感、充满朝气的校园文化环境，以美感人，以景育人，发现校园时空的隐性课程价值，让社会主义核心价值观、中华优秀传统文化基因通过校园文化环境浸润学生心田，引导学生发现自然之美、生活之美、心灵之美。

习近平总书记在全国教育大会上的讲话中指出："坚持以美育人、以文化人，提高学生审美和人文素养。"我们也深知，唯有美，才能把我们分散的能量聚积成一个焦点引领我们提升；唯有美，才能重建人类的整体性与整体思维方式以及"天地人我"的整体和谐；唯有美，才能把人类的精神从物质的奴役下解放出来，导向超越，走向创造，走向天地与我并生、万物与我为一的天人合一的生存状态。南菁实验人将谨遵习总书记的指示,将"以美育人"的思想贯穿到学校教育的全过程,让古老的菁园,始终是以美为手段成全人之美好的地方。

江苏省南菁高级中学实验学校校长

费玉新

2019 年 12 月 28 日

第一章

语萃园课程： 语言是存在的家

　　语萃园课程包含语文课程群、英语课程群等语言类课程。海德格尔说：语言是存在的家。语言课程的功能是引导学生正确使用语言，交流思想，提升学生的社会交往能力，让学生经由语言感受生命的意义。

┃ 语文课程 ┃
跃动灵性之美的语言智慧

  江苏省南菁高级中学实验学校语文教研组目前共有教师 25 人,师资队伍优良,结构合理,拥有无锡市学科带头人 1 名,无锡市教学能手 1 名,无锡市教学新秀 2 名,江阴市学科带头人 3 名,江阴市教学能手 3 名,江阴市学科基地组织成员 3 名。随着课程改革的不断深入,南菁实验语文教研组深化课堂改革,研究语文教材教法,取得了一定的成绩。现依据教育部《关于全面深化课程改革 落实立德树人根本任务的意见》、《义务教育语文课程标准(2011 年版)》,推进我校语文学科课程群建设。

第一部分　学科课程背景

  学校改革的核心环节是课程改革,课程改革的核心环节是课堂改革,课堂改革的核心环节是教师专业发展,这就是内涵发展的内涵。进一步说,内涵发展的政策指向就在于每一个学生的学力提升与人格陶冶,具体到每门学科,那便是可行素养的培养和提升。

一、 践行语文学科课程标准的需要

  语文学科是学校教育中的一门教学科目,是以使学生掌握语言这一交际工具为基本目标的基础学科,也是一门具有人文教育内容的学科,是工具性与人文性统一的学科。语文课程应进一步提高学生的语文素养,使学生具有较强的语文应用能力和一定的审美能力、探究能力,形成良好的思想道德素质和科学文化素质,为终身学习和有个性地发展奠定基础。

二、 促进教师个人专业成长的需要

学科课程、学科教学、学科学习、学科团队是一个整体，虽其落脚点是学生，但其关键点却是老师。教师是课程建设的核心要素，所以教师队伍的培养和建设势在必行。课程群的开发和建立势必会推动教师个人专业发展。

我们希望语文课程群的开发和建立，不仅能使学生不断提升对语文学习的兴趣，提高语文学科素养，也能提高教师的专业素养。

三、 提升学生语文素养的需要

实现文化的传承与理解是语文核心素养的重要组成部分，也是学生语文素养形成和发展的重要表征之一。这种素养培养是借助语言文字来实现的。语文学习的目标是让学生体会中华文化的博大精深、源远流长，继承中华优秀传统文化，理解并认同中华文化，形成热爱中华文化的感情，提高道德修养，增强文化自信；能借助语言文字的学习，初步理解、包容和借鉴不同民族、不同区域、不同国家的文化，尊重多样文化，吸收人类文化的精华；能关注并积极参与当代文化传播与交流，在运用祖国语言文字的过程中，提高自己的文化自觉，初步形成对个人与国家、个人与社会、个人与自然关系的思考和认识，树立积极向上的人生理想，增强为民族振兴而努力的使命感和社会责任感。

通过优秀文化的熏陶感染，促进学生和谐发展，使他们提高思想道德修养和审美情趣，逐步形成良好的个性和健全的人格。同时自觉传承中国优秀的文化传统。

四、 改善学校语文学科现状的需要

我校自 2003 年恢复初中招生以来，语文学科无论教研教学还是学生能力，一直位列本市前沿，但随着生源构成的变化，无论是课堂教学还是对学生的培养方式，都呈现出一定的模式化倾向。没有创新就没有发展，没有提升就没有长久，近年来学校优势越来越小。现状促使我们要变,要创新。

为了应对现状,我校在校本课程开发方面已有许多思考和实践,如汉字听写、名著导读等,特别是名著导读已做成学校的特色课程。这些特色课程一定程度上提升了学生的语文素养,但这些课程稍显零散,对学生的综合素养提升效果不明显。同时我们发现,在实践过程中出现了一些思维僵化的现象,这促使我们对语文学科进行更新的思考。所以必须以提升学生兴趣为立足点,以培养学生的思维为导向,以提升学生的学科素养为目标,构建完整的课程体系,利用已做的有效的课程,开发未知的不完整的课程,建构语文课程群。

第二部分　学科课程哲学

一、 学科性质观

《义务教育语文课程标准(2011 年版)》中明确指出:“语文课程是一门学习语言文字运用的综合性、实践性课程。义务教育阶段的语文课程,应使学生初步学会运用祖国语言文字进行交流沟通,吸收古今中外优秀文化,提高思想文化修养,促进自身精神成长。工具性与人文性的统一,是语文课程的基本特点。”

由此可见,语文课程是实践性的课程,是综合性的课程。

联合国教科文组织的一个报告中指出,“教育的基本作用,在于保证人人享有他们为充分发挥自己的才能和尽可能牢牢掌握自己的命运而需要的思想、判断、感情和想象方面的自由。”

所以语文学科也是直指学生精神成长的课程,它应该致力于生命全面而和谐、自由而充分、独特而创造地发展。

语文的实践活动是在语文课程和其他课程学习以及社会生活中自觉不自觉的语言文字运用,包括读和写。工具性与人文性的统一,也决定了“语言文字运用”与“学习者精神灵智涵育”在语文教学中占据着核心位置。

语文课程应以"工具性"为主体,强调语文的实践性,立足于学生的学情特点,追求学生语文素养的可持续性发展。

二、 学科课程理念

《义务教育语文课程标准(2011 年版)》中明确提出,语文课程应该是开放而富有创新活力的。要尽可能满足不同地区、不同学校、不同学生的需求,确立适应时代需要的课程目标,开发与之相适应的课程资源,形成相对稳定而又灵活的实施机制,不断地自我调节、更新发展。根据课程标准的要求,并结合我校语文底蕴、语文课程现状,我们提出了切合我校特色的语文课程理念——"灵智语文"。

所谓"灵智",就是"灵性"(spirituality)。从词源上看正是来源于"精神"(spirit)一词,表示人所具有的主动性和自由性,充满生气活力的精神状态,是人的精神性的自我展现。"灵"可以理解为"灵动"、"灵活"、"灵巧"……意味着语文的教学活动应该是"活"的有灵性的活动,这与语文的工具性相一致。以灵活多样的方式开展语文的教学、语文的活动,从而使语文学科的工具性得以落地。"智"可以解读为"智慧"、"明智"、"智能"……意味着学生能力的增长,指向语文学习的人文性。通过提升学生的智慧、智能,使语文的人文性在学生的心里内化、滋长,用人文来涵养学生的人文素养,提升语文的核心素养。因此"灵智语文"的提出就是将语文的人文性和工具性进行更好的融合,让语文的人文性和工具性共同发展。

(一)"灵智语文"是实践的语文

《义务教育语文课程标准(2011 年版)》中明确提出"语文课程是一门学习语言文字运用的综合性、实践性课程"。"灵智语文"是实践的语文。"灵智语文"指向语文学科的工具性,体现语文的实用性,注重语言学习的功效性、灵活性、基础性。奠定语文学科在沟通交流中的重要作用。"灵智语文"凭借灵活而多变的语文活动,发展学生的语言智能,促进语言思维表达的清晰、严密、准确,从而使得语文学科真正成为其他学科的学习工具。

(二)"灵智语文"是诗意的语文

工具性与人文性的统一,是语文课程的基本特点。生活的诗意,就是语文的诗意。因而"灵智语文"涵养人文性,是诗意的语文。"灵智语文"体现人文关怀和个性培养,注重语文学科的诗意美、情境美、想象美、情感美。"灵智语文"落实语文的"人文性",合理设置语文的活动,通过体验、感悟、表达等方式让语文的"人文性"得以放大,从而做到真正的涵养语文的人文情怀,生成语文的诗意。

(三)"灵智语文"是智慧的语文

"灵智语文"中的"智",就是"智慧"。智慧是一种内在的、内隐的思想内蕴和精神品质,也是一种创造性的思维方式和思维方法。"灵智语文"就是要培养学生的"智慧精神"。它力求实现教师与学生的"智"。教学方式多样化、学习服务智能化、学习资源数字化是"智"的三大特征;学习方式多样化、学习过程智能化、学习智能分析与评价是"智"的三大方法。最终达成"以智慧培育智慧"。

"灵智语文"作为一种更高层次的"语文",借助课程内容,形成师生间的协调学习,让学生之间激活认知、活跃思维,引领情感态度价值观;凭借师生的主观力量,实现学生的自我价值提升。"灵智语文"隐喻的是语文的内在发展存在着无限可能,承担培养学生"智慧"的责任。

第三部分　学科课程目标

"灵智语文"通过建设具有"灵智"特质的语文学科课程,打造学科的"灵智"特色系列课程,形成"灵智"为特色的课程特色,提高学生的语文素养。"灵智语文"的学科核心素养与语文课程标准的核心观念保持高度一致。

"灵智语文"重视语言建构与运用,注重提升学生的思维发展与提升,致力于培养学生的审美鉴赏与创造能力,使学生最终能自觉完成文化传承与理解这一使命。

一、 学科课程总体目标

《义务教育语文课程标准（2011 年版）》中认为语文的课程目标应从知识与能力、过程与方法、情感态度与价值观三方面设计。且目标的设计着眼于语文素养的整体提高。课标从十个方面围绕字词、阅读、表达、思维等方面给出了建议。基于对语文课标的认识和提升语文核心素养的目的，"灵智语文"的课程目标围绕"语言建构与运用"、"思维发展与提升"、"审美鉴赏与创造"、"文化传承与理解"这四方面进行规划和设计，提升学生的语文素养。

（一）培养学生正确使用语言文字的能力

培养学生听说读写能力，多读深思勤写，多读经典文学名著，逐步形成具有敏锐的发现问题、思考问题、分析问题的能力，从而养成良好的阅读能力。勤于练笔，以读促写，提高写作能力。关注身边的人和事，善于感悟，善于思考，认识生活，并能将自己对生活的感悟准确地表达出来。能正确、熟练、有效地运用语言文字，能规范写出以叙述为主要表达方式兼顾议论抒情的叙事类作文。

（二）提升学生独立鉴赏文学作品的能力

通过开展经典诵读活动，阅读相当数量的文学经典作品，品味汉语言的魅力；感受作品丰富的思想内涵和独特的艺术魅力；在阅读和丰富的语文活动中，发现大自然和人生的多姿多彩，激发热爱自然、热爱生活的感情；认识中华文化的丰厚博大，吸收民族文化智慧。培植热爱祖国语言文字的情感，受到高尚情操与趣味的熏陶，发展个性，丰富自己的精神世界。

（三）养成学生独特的思考与表达的能力

能在阅读优秀作品时和文本展开对话。通过阅读和思考，领悟作品的丰富内涵，关心当代文化生活，尊重多样文化，吸取人类优秀文化的营养。探讨人生价值和时代精神，树立正确的人生观和价值观。能够对生活和社会有更深入的认识和了解，能正确对待现实生活中遇到的问题,以积极的人生目标来引领自己的人生。

(四) 促进学生自觉地传承文化的能力

在发展语言能力的同时,发展思维能力,激发想象力和创造潜能。逐步养成实事求是、崇尚真知的科学态度,初步掌握科学的思想方法。养成语文学习的自信心和良好习惯,掌握最基本的语文学习方法。能主动进行探究性学习,在实践中学习、运用语文。具有日常口语交际的基本能力,在各种交际活动中,学会倾听、表达与交流,初步学会文明地进行人际沟通和社会交往,发展合作精神。

二、 学科课程年段目标

语文学科课程共划分为三个年段,分别是七年级、八年级、九年级。以语文学科的"听说读写"这四个基本能力为核心,以部编版的课本为基础,分年段实施,年段之间有明显的关联和提升。七年级重基础习惯的培养,八年级重思维和能力的培养,九年级重能力的综合运用和具有个性化地表达。

(一) 七年级的学科课程目标

有计划地推进学生的朗读、默读、精读、略读能力的养成。培养学生对语言文字的情感体验、主要内容的理解、信息的准确提取能力。从而形成自我阅读的基本范式。

学会观察生活、感悟生活,将生活融入到语文学习中。能完整地记叙事件,抓住特点来表现人物或事件,突出重点,学会合理布局。最终在叙事的过程中抒发自己的情感体验,并能借助适当的想象和联想。

在课外阅读中学会有目的地圈画,有体会、能理解,从整体上把握作品的主要内容并初步感知作品的思想价值。

(二) 八年级的学科课程目标

能够在活动过程中掌握新闻、演讲词这类实用性文体的知识,对实用类文本有初步的阅读感知和阅读方向。

能对文体有较为清晰的认知,根据内容进行分类阅读。并能深入体悟作者在文中所蕴含的情感,学会将之较为准确地进行表达。并能主动探索各类文体的写作结构,迁移至书面表达中。

能利用工具书对传统文化进行自发性学习和质疑,走进古代文化的语言深处,体味传统文化的语言魅力。

能够有条理、有顺序地进行文字表达,并能增加叙事的起伏和细节。同时能按照要求进行口语表达,有条理、有侧重地表达自己的观点。

(三) 九年级的学科课程目标

能够自主阅读现代诗歌,并能结合相应的背景体会诗人的情感,了解现代诗歌的基本知识,做到准确理解下的自由诵读并能进行现代诗歌的创作,初步培养写诗的意识。

能够阅读较有内涵的论述性文章,把握基本观点,理清基本结构,提升自我的思辨能力,并学习有条理地表达自己的独特观点。

能够联系实际生活读小说,感知小说对人物的塑造并能对其进行有深度的评析和学习,感知小说人物的塑造方式。

能够对中国古代的散文和古典小说进行自主阅读,理解古代散文和古典小说的创作意图,理解作品背后所寄寓的深刻内涵。

能够有理有据的、运用必要的论证方法来表达自己的观点。做到观点明晰,层次清晰。并能够准确地提炼语段的核心信息,完整地进行概括。有独立修改文章的能力。

第四部分　学科课程体系

语文学科的目标是通过语文的学习和活动,使学生都能够熟练使用母语进行有效的沟通和交流,并能表达自己独有的思考和思维,同时都能自觉传承中国的文化精髓。

这与语文学科的核心素养保持高度一致。为达成这样的目标，在课程内容的设置上严格遵循语文学科的核心素养要求，以"听说读写"为基准，结合本校的学科需要，服务于学生的发展，进行课程内容的设置。

一、 学科课程结构

《义务教育语文课程标准（2011 年版）》将课程结构分为：阅读、习作、口语交际、综合性学习。"灵智语文"课程架构以课程标准为基石，以"听说读写"为基础，最终达成"人文性和工具性"的统一。"灵智语文"课程包括"灵智阅读、灵智交际、灵智写作、灵智语综"等模块。

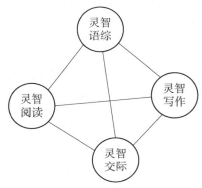

图 1-1 "灵智语文"课程模块

二、 学科课程设置

"灵智语文"学科依据国家课程标准，以"听说读写"为基础，横向分类为灵智阅读、灵智交际、灵智写作、灵智学习等，纵向布局以年级学段分布，分为七年级上下、八年级上下、九年级上下。具体设置见下表 1-1：

表 1-1 "灵智语文"课程设置表

		灵智阅读	灵智交际	灵智写作	灵智语综
七年级	上学期	绘本阅读 古诗词诵读	汉字听写	我的故事	点墨飘香
	下学期	故事阅读 文言小故事	诗词雅韵	寻觅生活	采风天地
八年级	上学期	西方神话 中国神话	影视欣赏	真我风采	经典演绎
	下学期	文学守望	名家讲堂	大美写生	放飞心灵

		灵智阅读	灵智交际	灵智写作	灵智语综
九年级	上学期	哲学沉思	舌战群儒	畅想生活	鉴古论今
	下学期	回忆往昔	才情荟萃	巧借东风	大家风范

第五部分　学科课程实施与评价

为了真正实现"灵智语文"的核心价值,从根本上提升学生的语文素养,我们从以下四个方面实施。

一、建构"灵智课堂",提升语文教学品质

在"灵智课堂"中通过运用灵活的教学手段、开展智慧的教学活动来使得语文教学呈现出一种灵动的状态,从而提升语文教学的效能,使得语文的课堂教学有显著的成效。

(一)"灵智课堂"的要义与操作

"灵智课堂"以"灵动"、"智慧"作为核心要义。"灵"指向教学形式的灵活,课堂活动的灵动,课程设置的灵巧。其目的是通过灵活的活动样式改变传统课堂中的单向模式,使得师生之间、生生之间具有更为灵动的交流。"智"是知识的传授,思维的生发。"灵智课堂"在变革传统课堂的基础上,引导学生积极主动地学习,发展思维,提升语文学习能力,达到语文素养的真实提升。

1. 强调情境创设。"灵智课堂"强调对课堂的情景创设,打破学生的学习心理壁障,以激发学生的学习热情,增强学习的参与度。在良好的情景氛围中,达成教学的目标,达到较好的教学效果。

2. 建立互动机制。"灵智课堂"是一种"动态课堂",活动机制的建立,保证了课堂

中师生互动、生生互动、生本互动的活动时间。在动态的活动中进行教学,确立以生为本的课堂模式。

3. 设置对话通道。"灵智课堂"需要畅通的对话通道。规划合理的对话通道,设置合适的对话话题,使得知识、经验、思考在课堂中自然传递、自主生发。进一步开放课堂。

4. 增加技术引入。"灵智课堂"依靠媒体技术的支持。多媒体技术、网络平台等现代化信息技术,能有效地对课堂进扩容。视、听的结合,甚至 VR 的引入,能极大地强化课堂的真实情境,改善传统模式的单一和刻板。

(二)"灵智课堂"的评价标准

"灵智语文"课堂评价的根本目的是促进学生学习,改善教师教学。课堂评价应能准确反映学生的学习水平和学习状况,全面落实语文课程目标。"灵智语文"的课堂评价标准分为过程性评价和成果性评价两部分。(见表 1－2)

表 1－2 "灵智语文"课堂评价表

学校			姓名		授课时间			
授课内容						量化		得分
评 价 标 准					8	6	4	
教师教学行为表现	基本教学理念	重视语言的运用和积累,以培养学生语言能力为目标,突出教学的有效性。						
		重视学生学习习惯和学习策略的培养。						
		激发学生的语文学习兴趣,培养自主探究意识。						
		尊重学生的学习实际,面向全体学生教学。						
		关注学生语文学习的可持续性发展。						
	教学活动设计	设计适合教学的情境。						
		教学活动设计具有可操控性。						
		教学过程重视师生之间、生生之间的互动交流,提升思维的活跃度。						

续表

评 价 标 准			8	6	4	
		教学活动设计符合学生的实际能力,强调全体参与。				
		教学活动重视培养学生的语文核心素养。				
	教学目标达成	适当运用信息化手段、多媒体技术。				
		教材解读到位,读出文本特质。				
		教学难点、重点清晰且突出。				
		预设的教学目标能有效达成。				
	教师基本技能	有效调控课堂节奏,重视学生的反馈。				
		教态亲切自然,教学流程清晰有层次。				
		教学用语准确,点评精当,板书清晰工整。				
		教学设计灵活,有创新。				
学生学习过程表现	学习方式	在独立思考的基础上,能与他人合作交流。				
		学习兴趣浓厚,有主动求知的表现。				
		学习有研究意识,能主动质疑。				
	目标达成	朗读和回答问题声音响亮。				
		能掌握课堂教授的重难点。				
总评	等级	优秀:90分以上(含90分) 良好:80分以上(含80分) 合格:60分以上(含60分) 不合格:60分以下				
改进建议			总分			

二、 建设"灵智课程",丰富语文课程的内涵

"灵智学科"的课程建设,是对国家课程的丰富和建构。课程的设置使语文课程具有了多样性和选择性。学生通过选择不同的课程,提升学习语文的兴趣,最终达成提升语文素养的目的。

（一）"灵智学科"的建设路径

"1＋X"学科课程群就是以国家教材为基础，丰富语文学科的选修课程。具体做法如下：

1. 补充教材，丰富语文的学习素材

学生的学习教材除了必备的国家课程的教材外，还应有其他学习教材的补充。学校将充分利用校图书馆、市图书馆等硬件资源，并在班级和年级之间定期举行图书漂流活动和好书推荐活动，使得教材的来源进一步丰富且多样。

除了纸质教材外，影视作品、图像资料、文化展览等都是与语文相关的学习素材，将形式多样的教材引进学生的生活，一方面丰富学生的学习生活，一方面使学生形成"大语文"观，树立"生活处处是语文"的意识。

2. 联系生活，拓展语文的学习边界

生活处处有语文，语文是无处不在的，语文学习的外延和生活的外延一样宽广。从阅读到写作到日常的口语交际，无不是语文能力的体现。因此学生不仅要在课堂内学语文，还要从日常的生活中学习语文，要把语文和生活进行勾连和打通。利用好学校本身的社会资源，发掘班级内部的优质社会资源，定期开展语文的课外实践活动，使学生由课内走向课外，走向生活。在语文学习和生活之间搭建桥梁，从而形成融通。教师的教授和学生的学习都有语文"生活化"的意识。

3. 用好平台，拓展语文的学习思维

语文学习很大程度上就是训练学生的听说读写能力，帮助学生建立合适的知识结构体系，使他们在生活中能够熟练且准确地运用母语进行交流，体现语文的思维品质。因此除了传统的授课模式，还要用好学校搭建的网络平台，定期发布学习内容或是优秀学习成果。在信息化技术的支持下，使得语文教学从单一的课堂教学模式走向更为灵活的自我学习模式。鼓励学生利用网络进行自我学习，在自我学习的过程中，提升语文的思维品质。

4. 重视活动，提升语文的学习兴趣

语文学习的兴趣来源于活动的参与，有活动的语文才能使学生真正热爱语文。在语文的学习过程中，结合语文的学科特点和学习特点，重视活动的设计和开展，提升学生的语文学习兴趣。活动的丰富性，可以有效地改善学习的单调和枯燥，活动的形式可以是师生互动、生生活动、班班活动、家校活动等。通过形式多样的活动，打开语文学习的兴趣之门。

（二）"灵智学科"的评价要求

"灵智学科"的评价从课程目标、资源文本、课程实施及教学效果这四方面进行评价。（见表1-3）

表1-3　"灵智学科"的评价表

评价项目	评价标准	评价等级
课程目标	1. 教学目标设置应符合国家课程要求、地方课程要求、学校课程要求。 2. 教学目标的设置能够激发学生的学习热情，提升学生的学习兴趣。 3. 教学目标设置符合学生的认知能力，并能对学生的能力增长有所帮助。	符合评价标准为　A 大致符合标准为　B 基本符合标准为　C 不符合上述标准为D
资源使用	1. 文本不脱离国家课程的要求，且具有学校的课程特色。 2. 课堂教学活动的开展，应围绕文本开展。 3. 文本的使用能够对学生的语文学习能力的增长有所促进。	符合评价标准为　A 大致符合标准为　B 基本符合标准为　C 不符合上述标准为D
实施要求	1. 课堂实施过程中，通过设计合理的活动，调动学生的学习热情。 2. 课堂实施过程中，教师应是组织者、参与者、管理者、调控者。 3. 课堂实施过程中，可适当弱化教师的作用，通过学生之间的互助质疑，提升学生的自我学习能力。 4. 课堂实施过程中，教师应关注全面，不可出现忽略或偏废的情况。	符合评价标准为　A 大致符合标准为　B 基本符合标准为　C 不符合上述标准为D
教学效果	1. 学生参与度高，有学习的热情。 2. 检测效果明显。 3. 有显性的教学。	符合评价标准为　A 大致符合标准为　B 基本符合标准为　C 不符合上述标准为D

三、 开展"灵智语文节"，让语文教学变得丰富而有趣

"灵智语文节"的活动设计依据学生的学习实际，符合语文的四项基本能力"听说读写"，以提升学生的语文学习热情为基础。每年四月，开展以"与好书相伴　做智慧少年"的"灵智语文节"。

（一）"灵智语文节"的活动设计

"灵智语文节"活动，不是一个简单的结果的呈现，而是在实践中，让学生有收获地亲近语文的过程；不是个别学生的展示舞台，而是让各个层面的学生在活动中有所体悟、有所成长的平台；不是以"归档"为终点，而是在兴趣的基础上掌握知识、运用知识的开始。

1. 灯会猜谜。灯谜是中国人民喜闻乐见的活动，这和语文的学习有很多相通之处。在"灵智语文节"活动中，可以选择"字谜"为切入点，以"灯会"的形式，去引导学生关注文字的言意，以更好地提高学生理解中国汉字的能力，激发学生对中国文字，甚至是文化的兴趣与热爱。在活动中，首先，每位语文老师可以利用课堂为学生简单地介绍字谜的知识，让学生了解字谜产生的典型方法，如：离合法、方位法、运算法、推理法、会意法、笔画法、求根法、替代法等。其次，让每位学生利用课堂知识，仿照课中实例，自己创作三个字谜，并在班级内部评选出"最佳字谜"。然后，年级汇总，到学校汇总，作为"灵智语文节"的"灯会猜谜"的材料来源。接着，在全校范围内，征集有美工、书法特长的学生，设计精美的符合灯会特色的纸张，并用工整美观的文字呈现一则则闪耀着学生原初智慧的字谜。最后，活动当天在后勤部门的配合下，在菁园小树林创设一个有情致的灯会现场，让各年级获得"最佳灯谜奖"的学生在灯会现场负责"解疑答惑"。会后还可以把所有灯会中展示出的灯谜以微信推送的方式呈现，让学生或家长参与"最具价值灯谜"的评选。如此从准备到实施就会有一个比较饱满的呈现，"灯会猜谜"从早期的知识传授，到中期的知识运用，再到后期的知识延展，可以充分鼓励学生广泛参与、积极思考、勇于创新、持续实施，促进学生的过程性深度学习，养成学生的深度思维习惯，从而更好地提升学生的语文素养。

2. 赛诗会。诗是中国最早的文学样式,也是最好的文学表达方式。读诗,可以触碰到诗人的内心,从而读懂诗人所处的时代,甚至读懂中国传统文化中的文人精神。此外,读诗还是为了理解生活。在对"诗"的阅读体验中学生学会理解自己的生活,得到更多良性的积极的精神滋养,在喧嚣的生活中慢慢拥有一种恬淡而诗意的生活方式。赛诗会的活动可以分成"经典赛诗会"和"风格赛诗会"两种形式。在经典赛诗会中,首先,通过老师的选择向学生推荐50到100篇经典诗文。其次,通过学生的自主学习记诵经典。接着,各年级推荐五名"小诗人",通过抽签分成五个战队。最后,比赛中通过必选题、抢答题、附加题的角逐,产生"诗王"。在风格赛诗会中,首先,结合国家、学校的文化推进主题词以及学生的兴趣爱好、生活实践选择不同的赛诗主题。其次,根据学生语文素养的高低分层推进:相关主题的诗文创作或诗文仿写利用书籍、网络等资源查找、搜集。然后,利用语文实践活动课程分享交流,并分别评选出创作组、改编组的"年度最美诗歌"。接着,以年级为单位,征集"朗诵者",并以"诗歌分享会"的方式,让更多学生去体验、欣赏诗歌之美。最后,利用"青青草"这一校园杂志平台,连载"年度最美诗歌";同时,利用"菁园之声"平台,让"朗读者"在每日午间的"美文推荐"中传播学生的诗文创作。以诗播诗,随文入心,赛诗会以多样的形式,激发学生学习积累古诗文的兴趣,提高学生普通话的口头表达力,使学生在接受传统文化洗礼中享受阅读带来的快乐,养成良好的阅读习惯,提高审美情趣,营造浓郁的读书氛围,弘扬民族优秀文化传统。

3. 经典推荐。语文经典多种多样,如:经典诗词、经典散文、经典小说、经典戏剧、经典故事、经典名言、经典俗语等。这一活动实施方案中与赛诗会有所交叉,就不加赘述了。除了使用传统的分享会的形式外,还可以跨学科呈现。以"经典小说推荐"为例,在语文老师讲授经典课文的基础上,学生根据喜好,结合人物形象、主题理解,选择经典片段,自主改编小说剧本,利用课余时间征集演员并自主排演。然后,各班向家长发放"经典小说推荐邀请函",让家长和老师一起欣赏学生们的经典表演。在过程中全程录像,有些表演特别精彩的,也可以作为下届学生学习该小说时的教学凭借。表演结束后,可以让家长、学生、教师投票,票数高的表演可以推荐到"菁园之夜",在春晚中去展现。学生对于不同文学样式的兴趣也是不同的,尽可能选择学生更有兴趣的形式、篇章,让学生真正地参与到活动中,在活动中成长。拓展学生学习的广度,开掘体验的深度,提升思维的高度。

4. 读书征文。读书不是为了写作，但是征文是一个很好地呈现读书思考的方式。与普通的应试作文相比，征文更具有主题性、时代性，更能引发学生的深度思考。"读书征文"活动，不能只是把任务交给一些语文素养比较高的同学，"读书征文"是同读一本书的过程积淀、同享一本书的过程碰撞后的水到渠成，无论是学生个体、学生群体还是教师都是参与者、推进者，要做到人人参与。在初读体验后，每位同学都会有自己的心得体会，这就是读书征文的初始呈现。在交流碰撞后，每位同学又可以对自己的心得进行再加工。最后，利用"青青草"这一校园杂志平台，以"同文异思"的形式与更多人在读中思，在思中读。这样的读书征文活动才真正地让学生走进书中文字、走进书中人物、走进书中时代、走近作者。丰富学生的语文生活体验，以思考带动思考，以思维促发思维，从而提高学生的写作表达能力。

5. 好书推荐会。"好书推荐会"与"经典推荐"中的部分活动方案有交叉，这里也不多加赘述了。首先，好书推荐和语文的晨读相结合，充分调动学生的阅读体验。在自荐的前提下，学生撰写讲稿、制作辅助 PPT，并在全班范围内向同学做分享。然后，在推荐后对该书感兴趣的同学开展整书阅读。接下来，所有学生分成若干个小组，设计"好书知识汇总"、"话题推荐"等活动。最后，在周末为自己的好书设计并完成一份手抄报，教师可以将学生的手抄报成果展现在教室板报或者班级走廊上。"好书推荐会"有利于学生间的读书交流，拓宽学生的阅读面，丰富语文的实践活动，感知阅读的趣味，养成阅读的生活习惯，做一个腹有诗书气自华的有生活质量的人。

（二）"灵智语文节"的评价要求

"灵智语文节"根据每个阶段不同的观察要求来制定评价细则，把握评价为了改进学习的主旨，即评价要放大学生的"闪光点"，培植学生的"生长点"，纠正学生的"错误点"，促进学生能力成长与精神成长共同生发。

"灵智语文节"不仅关注对学生最终所呈现内容的结果性评价，更关注整个过程中对学生"实作"与"表现"等过程性的评价。"活动成果"维度关注学生活动成果的呈现，如创编的灯谜、表演的剧目、设计的道具、记录的日志、汇总的档案袋等；而"态度、习惯、兴趣"维度关注活动过程中学生情感、态度、价值观的行为表现，突出了学生的态度、习惯、兴趣这些非智力因素对学生素养发展的重要性。教师针对每个评价内容研制具体的评价标准,根据小学生身心发展特点和认知规律进行细化分解,体现评价以生为本。教师采用过程性定点观察法,评价活动伴随于"灵智语文节"的始末,贯穿于教与学的整个过程。具体评价要求见表1-4。

表1-4　"灵智语文节"评价内容一览表

活动内容		灯会猜谜	赛诗会	经典推荐	读书征文	好书推荐会	评价			
							自评	互评	师评	总评
灵智语文节	活动设计	① 主动收集资料、阅读、分享(5分); ② 积极参与班内交流(5分); ③ 自主合作,乐于分担任务(5分); ④ 主动反思并修改完善作品(5分)。								
	课程实施	① 精选字谜、书目、诗文、活动主题等(5分); ② 围绕主题,编写字谜、撰写征文、创编课本剧等(20分); ③ 班内交流,合作修改作品(10分); ④ 公开展示,评奖:单项奖、合作奖(10分); ⑤ 参与者填写优化建议(10分); ⑥ 推荐发表或展示(5分)。								
	活动效益	① 自信力的提升(5分); ② 创造力的增强(5分); ③ 合作力的加深(5分); ④ 自省力的增进(5分)。								

四、 创设"灵智社团",落实语文教学的实践性

社团活动是校园文化的重要载体,是学生身心发展、兴趣拓宽和视野开阔的阵地,也是展示学生个性、发展特长、内化能力的第二课堂。社团活动能够丰富校园文化、培养学生兴趣特长、补充第一课堂。

(一)"灵智社团"的主要类型

基于这样的考虑,我校创设"灵智语文社团"推进初中语文教学工作。通过社团活

动推进语文教学多渠道、深层次、高质量发展。全面拓展学生素质、张扬学生个性、撒播自主创新精神、营造良好的教育教学氛围，引导学生树立正确的价值取向和发展目标、培养自主学习的习惯和自我发展的能力等。

"灵智语文社团"包括青青草文学社、菁园诗社、妙笔生花、汉字听写会等社团。通过选修课和课外活动相结合的方式，定期开展社团活动。社团活动以学生为主体，教师辅导和引领为辅助，充分发挥学生的积极性和能动性，在社团活动中提升语文能力，落实语文的核心素养。

1. 青青草文学社。青青文学社以"文学"为中心，通过文学社的活动，激发学生对生活的观察和感知兴趣，促进学生用文字表达自己的独特感受和体验。在语言文字的运用中感受语文文字之美。学生的作品以集结成册的形式进行发表。

2. 菁园诗社。菁园诗社以"传承传统文化"为核心，通过聘请专业教师，教授学生诗歌的基本知识，学习格律诗、现代诗，让传统文化在现代生活中得以活化和创新。

3. 妙笔生花社。妙笔生花以"审美"为目标，借专业教师的力，促使学生写好字，写字好，有较高的审美情趣，形成品评书法作品的能力。

4. 汉字听写会社。汉字听写会以"熟悉文字"为基础，通过汉字听写活动的比赛，让学生熟练掌握语文文字的规范书写方式，自觉纠正日常生活中的错用现象，有意识地保护祖国的语言文字。

(二)"灵智社团"的评价要求

"灵智社团"旨在通过开展活动，促使学生在社团活动中获得能力的发展。为了确保"灵智社团"活动的开展，从社团建设、活动目标和计划等方面进行评价。评价具体内容见表1-5。

表1-5 "灵智社团"课程评价表

评价对象	指标体系	评定标准	
		等级内容	评定等级
社团工作	社团建设	1. 有章程，制度健全 2. 有专业教师负责	

评价对象	指标体系	评定标准	
		等级内容	评定等级
	活动目标和计划	1. 有学期活动计划和目标 2. 活动目标的制定明确且具体 3. 有实现目标的具体设计计划 4. 计划合理且可操作	
	指导教师表现	1. 组织活动意识强 2. 规范管理课堂 3. 积极参与学校组织的培训或会议 4. 自我学习能力强并和其他指导教师相互交流	
	学生活动表现	1. 准时参加,活动到场率高 2. 生生互助、师生互动好 3. 有主动参与的意识和表现力 4. 有较多的体验和感受	
	活动成效	1. 活动定时正常开展,受到学生的欢迎和学校的肯定 2. 学生活动热情高、自主性高 3. 活动在校园网上有宣传或有可展示的活动成果 4. 活动在各级各类比赛中有获奖	
社团工作	环境建设	1. 有固定的活动场地 2. 活动场地布置与社团特点保持一致 3. 活动场地管理规范	
	活动记录和资料保存	1. 及时记录 2. 各种记录(纸质、视频、图像)保存完整 3. 建立社团成员的成长档案	
	活动安全	1. 活动场地无安全隐患 2. 社团活动有特殊需求向学校申请并报备 3. 对学生有安全提醒或安全教育 4. 教师全程管理学生保证安全	

五、 推行"灵智之旅",拓展语文学习的时空性和人文性

"灵智语文"课程不仅是学校活动,还有走出学校的文化寻访。在寻访中拓宽学生

的眼界,提升学生的人文素养,从而拓展语文的人文性。基于这样的思考,"灵智之旅"可以立足于文化名人的寻访。每学年开展一次。

(一)"灵智之旅"的线路设计

1. 刘天华故居寻觅。设计刘天华故居的寻访路线,完成刘天华人物访谈录,设计刘天华人物纪念册。

2. 左宗棠文学探秘。通过阅读左宗棠的自传,以及他人对左宗棠写的传记,对左宗棠的人生有初步的认识。结合校史馆的相关资料,勾勒左宗棠的人生之路。

3. 沈从文的文学起源探究。组织学生走进湘西凤凰古城,感受沈从文笔下的风土人情,结合对沈从文小说的阅读,体会沈从文特有的人文情怀。

(二)"灵智之旅"的评价要求

"灵智之旅"的评价主要从路线方案设计、内容记录、纪律遵守、心得体会、成果展示这几方面进行。(见表 1-6)

表 1-6　"灵智之旅"评价表

"灵智之旅"评价表		
旅行目的地	旅行时间	
小组成员		
旅行考察方案设计(10分)		
旅行内容记录(20分)		
守纪情况记录(10分,违纪行为每次扣1分)		
旅行心得(30分)		
旅行成果展示(教师评分,30分)		
总分		

第六部分 学科课程管理

"灵智语文"是学校的活动类课程、选修课、兴趣活动的继承、规范和发展,纳入课表,依据学生需要开发,依据学校资源开发,依据办学目标开发,认真编写教材。

一、 价值引领

"灵智语文"的课程设置,以落实语文的人文性和工具性为主要目的,重视语文课程对学生思想情感的熏陶作用,注重课程内容的价值取向,继承和发扬优秀文化传统,体现社会主义核心价值观的引领作用。利用语文学科以载道、诗以言志的人文性特点,借助语文具有的人文、道德、思想、文化内涵引领学生进行思想的碰撞,价值观的树立,从而达到心灵的净化,使语文的核心素养真正落地。

二、 团队建设

打造一个强有力的语文教师团队,构建团队文化,制定活动计划和规范,定期开展语文活动,推进课程研究和开发。在此过程中,推选出具体的课程负责人,以专人引领和小组合作的方式推进课程建设和管理。充分利用语文组的优质资源,打造优秀的语文领军人物,在课堂教学、课程建设方面起到积极的引领作用。

三、 制度建构

对课程管理的功能、作用机制与结构有全面的认识和深刻的理解,通过建立规范的制度来提高效率。在制定和修订制度时,将管理与运作进行有机整合,保证制度体系的完整性、系统性和一致性。一旦制度确立,便切实贯彻与执行,并在执行过程中及时评估及优化。语文教研组有固定的教研活动，在每周二下午第一、二节课。每个年级的备课组也有固定的活动时间。利用好教研组活动和备课组活动的时间，在组内开展语文课程建设的研讨和语文教学的研究，在各备课组中进一步细化每个年级的语文课程建设的细节。不管是备课组内还是教研组内都有相关考核评定制度、公开课制度，学校每学年也会有各种考核评议制度。固定的制度使组内的每位教师能自我鞭策，不断学习。

四、 条件保障

首先是学校管理层对课程开发管理的大力支持，并在时间安排、人员配置、课程设置、实施经费等方面予以充分的保证。同时创造条件让老师们在课程开发管理方面有不断学习和深造的机会。这样软硬件双管齐下，课程建设得以保障。

为了更加顺利地进行"灵智语文"的课程建设，设立灵智语文的实践基地、专有阅读教室和专用活动教室。在课时安排上有固定的灵智语文阅读课。

五、 课题研究

要求每位教师从自己的教学主张出发，分别从学法指导、课堂有效教学策略等不同角度确立自己的小课题研究，学会适时地将课题研究成果运用于教育教学实践中，学会利用各种课题研究成果来促进自己的教学手段、教学模式和教学方法等的变革。组内的每位教师努力以课题研究为载体，加强科研能力的培养，转变教学观念。

（韩蓉　周昕　徐玲）

第二章

慧华园课程：从逻辑思维迈向美学思维

　　慧华园课程包含数学、信息技术等数理逻辑课程。数学有独特的魅力，是自然科学的语言，在内容、结构以及方法方面，有培育学生空间想象能力、逻辑推理能力以及综合运用能力的独特功能。

┃ **数学课程** ┃
体悟逻辑与思维之美

江苏省南菁高级中学实验学校素有"理科见长"的传统,拥有一支素质优良、业务精湛的数学教师队伍,其中无锡市学科带头人、无锡市教学能手等江阴市级以上教学荣誉教师比例过半。随着时代发展,学科教学"教什么"和"怎么教"已经发生了深刻的变化。为了更好地培养学生的数学核心素养,有效提升我校教学质量,秉持"在美的体验中自主成长"这一课程理念,现依据教育部《义务教育数学课程标准(2011 年版)》,推进我校数学学学科课程群建设。

第一部分　学科课程背景

2014 年 3 月,教育部印发了《关于全面深化课程改革落实立德树人根本任务的意见》,提出了"核心素养"概念,为进一步深化数学课程改革指明了方向。数学核心素养的培养既关切社会经济的变化与科学技术提高,又与个体的学习规律、成长环境密切相关,对新时期的学校数学课程规划有着更为系统、科学的要求。

一、 数学学科课程建设的社会背景

国际上数学课程发展的主要趋势为:大众数学的兴起——面向全体学生,建立大众数学;注意提高人的素质,更多地考虑满足日常生活和就业的需要;关注学生的个别差异、注意学生个性、兴趣、能力的差异,实行区别化的课程与教学;注意数学的应用、问题解决成为数学教学的核心以及注意数学建模能力的培养;提倡计算器和计算机的应用,它既为数学应用提供了广泛的可能性,同时也带来数学教学内容的变化;关注学

生的参与活动,尤其是探究活动。更多地注重过程,而不仅仅是结果;国家建立统一的课程框架,但注意一定的灵活性,如采用"一纲多本"、"1＋X"等课程教育教学形式。评价多元化与多样性。

　　长期以来,当我们走进学校、深入课堂,会发现普遍存在的"课程窄化"现象并未得到根本改善。在现实语境中,学校的"课程改革"往往被窄化为"校本课程改革"。基于国家课程标准的国家课程和校本课程一体化整合,以"发展学生理解力"为核心的课程建设将是今后的数学课改在很长一段时间要努力的方向。

二、　本校数学课程改革的现状

　　本校属于义务教育阶段初中校,生源基本上是划片招生的,入校学生的学科学习能力、兴趣爱好、意志品质等都有很大的差距。为了顺应时代的需要,近几年,我校在国家课程校本化的理论与实践操作上已经积累了部分经验。但是,整体而言,有诸多方面仍然受到社会压力、资源不足等方面的制约。"应试"在很大程度上实际取代了数学课程的本来目的,学生学习数学的动力主要是分数的压力等外在动力,而不是对数学内在的追求或爱好。从课程内容的角度看,缺乏应用性的内容,与现实生活相脱离;缺乏展示数学思想性的内容;缺乏选择性,课程设置单一。从课程教学的角度看,存在重知识的教学,重结果的教学,忽视学生的独立思考能力和创新精神的培养,学习中被动接受的现象比较突出。从课程评价的角度看,评价方式单一,以笔试为主,评价过分注重和依赖于考试的分数,忽视对学生自身发展的全面考察。

第二部分　学科课程哲学

一、　学科性质观

　　数学是研究数量关系和空间形式的一门科学。数学源于对现实世界的抽象,基于抽象结构,通过符号运算、形式推理、模型构建等,理解和表达现实世界中事物的本质、关系和规律。数学与人类生活和社会发展紧密关联。数学不仅是运算和推理的工具,还是表达和交流的语言。数学承载着思想和文化,是人类文明的重要组成部分。数学是自然科学的重要基础,并且在社会科学中发挥越来越大的作用,数学的应用已渗透到现代社会及人们日常生活的各个方面。随着现代科学技术特别是计算机科学、人工智能的迅猛发展,人们获取数据和处理数据的能力都得到很大的提升,伴随着大数据时代的到来,人们常常需要对网络、文本、声音、图像等反映的信息进行数字化处理,这使数学的研究领域与应用领域得到极大拓展。数学直接为社会创造价值,推动社会生产力的发展。

数学教育承载着落实立德树人根本任务、发展素质教育的功能。数学教育帮助学生掌握现代生活和进一步学习所必需的数学知识、技能、思想和方法;促进学生思维能力、实践能力和创新意识的发展,促使学生主动探寻事物变化规律;增强社会责任感,在学生形成正确人生观、价值观、世界观等方面发挥独特作用。

二、 学科课程理念

"立体数学"倡导数学是一门充满魅力的科学,随着教育改革的深入,我们的数学教育应该变得更自由、更灵活,我们的课堂要让学生在愉悦的状态下去品味那精彩纷呈的数学知识。著名的数学家华罗庚说:"就数学本身而言,是壮丽多彩、千姿百态、引人入胜的……"我们要利用好数学课程,把课堂或者活动创设成充满活力、魅力无穷的空间,从而激发学生的思维,让他们积极地感受数学美,追求数学美。

以遵循《义务教育数学课程标准(2011 年版)》为前提,在符合本校的客观实际情况和学生身心发展规律,体现本校教育教学的理念和特色的基础上,我们对数学的本质以及数学的教育教学的理解分为六个维度:"立体数学"是智慧的数学、"立体数学"是美丽的数学、"立体数学"是人文的数学、"立体数学"是创新的数学、"立体数学"是实践的数学、"立体数学"是"求真"的教学(如图 2-1)。这六个维度都是对"立体数学"本质相对侧重的描述,彼此是相互关联和渗透的,它们以指向发展学生的学科核心素养为目标,从而相互融合进"立体数学"这个整体的架构中。

图2-1 "立体数学"示意图

维度一："立体数学"是智慧的数学

《普通高中数学课程标准（2017年版）》指出："数学在形成人的理性思维、科学精神和促进个人智力发展的过程中发挥着不可替代的作用。数学为其他科学提供了语言、思想和方法，是一切重大技术发展的基础。数学在提高人的推理能力、抽象能力、想像力和创造力等方面有着独特的作用。"初中数学课程要突出数学主线，凸显数学的内在逻辑和思想方法；创设合适的教学情境，启发学生思考，引导学生把握数学内容的本质，促进学生实践能力和创新意识的发展。

数学有一种定义：数学是思维的体操。我们认为，数学是一种智慧，蕴含着至简至和的智慧、至真至通的智慧、创造探索的智慧。我们要视数学为有机的整体，引领学生整体感悟数学思维。数学的本质是自由的，我们要保护学生的好奇心以及多向探索的意识，我们要在自由的氛围中打开学生数学思维的天窗，因为在好奇心的驱使下才能取得数学的创新和突破。我们既要引导学生逐步抽象进入思维纵深，还要纵横联系发现数学间的和谐；我们要遵从思维的规律，启迪学生的智慧。

我们的课程要创造培养学生思维的空间，从而促进学生智力发展。具体模式为：引智（情境）-促智（感悟）-生智（体验）-用智（延伸）。

"立体数学"课程要凸显智慧的数学，应当以提升思维能力为核心，以板块的结构、独立的活动、问题的思索、数学（思想方法）本质的感悟为特征，是教育思想、教学内容、教学方法的高度综合的教育形态。

维度二："立体数学"是美丽的数学

实用的、科学的、美学的和哲学的因素，共同促进了数学的形成。进行数学创造的最主要的驱动力是对美的追求，抽象数学思想大师罗素说："数学，如果正确地看它，则具有至高无上的美——正像雕刻的美，是一种冷而严肃的美，这种美没有绘画或音乐那样华丽的装饰，它可以纯净到崇高的地步，能够达到严格的只有最伟大的艺术才能显示的那种完美的境地。"

数学家们从自己的研究实践中深刻地认识到数学的美以及它的形式。数学的美主要体现在和谐美、简洁美和奇异美等方面。数学的美并不是只有从事数学研究的专家才能品味享受，一些数学概念和原理如对称、透视、比例、黄金分割乃至现代的分形等，通过在绘画、音乐、建筑中的应用而物化的艺术作品同样为广大公众喜闻乐见。谁也不能否认，如果没有透视的数学原理，就不可能有文艺复兴时代以来一幅幅传世名画；没有三分律、十二平均律等比例规律，也就不可能有古今中外无数美妙动听的音乐作品，更不用说今日计算机创作的大量分形绘画、电子音乐和动漫作品了。这些数学概念与原理，无疑是艺术创作中美的源泉。

我们的"立体数学"课堂教育教学过程中要不断渗透数学美：要通过多媒体展示数学美，使教学过程形象生动；让学生感受数学题中的数学美，如数学问题设计之美、思想方法之美、探索之美等；鼓励学生在生活与应用中感受数学美。我们要有目的、有系统地开发美的数学课程，让学生真切地去感知数学之美，以提高学生的学习兴趣，让数学美成为开启学习数学之门的钥匙。

维度三："立体数学"是人文的数学

《普通高中数学课程标准（2017年版）》指出："数学文化是指数学的思想、精神、语言、方法、观点，以及它们的形成和发展；还包括数学在人类生活、科学技术、社会发展中的贡献和意义，以及与数学相关的人文活动。"

数学作为一种人类文化，蕴含着深厚的人文属性。齐民友先生指出："历史已经证明，而且将继续证明，一个没有相当发达的数学的文化是注定要衰落的，一个不掌握数学作为一种文化的民族也是注定要衰落的。"从文化的高度理解数学,数学的学科价值和人文价值是共生的。所谓人文数学就是把数学的思想方法、数学产生发展的文化背景、数学家的思维方式与价值观念、数学与其他文化的联系等,融合到数学中去,充分发挥数学独特的文化教育功能。课堂上不仅要培养学生掌握与运用知识的能力,更要教育他们学会做人,使知识恢复鲜活的状态,与人的生命、生活重新相关,呈现出生命态。数学知识从深层次内涵来说,也是一门人文科学。要想使数学变得更加亲切,数学教学过程不仅应该充满理性智慧,而且应该充满人文关怀,放射着人性情感的光芒。"立体数学"提倡充分挖掘数学教学内容中隐含的人文素材,将它有机地融入到数学知识教学过程中,达到通过知识教学的途径,潜移默化地提高个人人文素养的目的。在学生形成正确人生观、价值观、世界观等方面发挥数学的独特作用。

维度四:立体数学"是创新的数学

《义务教育数学课程标准(2011年版)》指出:"信息技术的发展对数学教育的价值、目标、内容以及教学方式产生了很大的影响。数学课程的设计与实施应根据实际情况合理地运用现代信息技术,要注意信息技术与课程内容的整合,注重实效。要充分考虑信息技术对数学学习内容和方式的影响,开发并向学生提供丰富的学习资源,把现代信息技术作为学生学习数学和解决问题的有力工具,有效地改进教与学的方式,使学生乐意并有可能投入到现实的、探索性的数学活动中去。"

数学是研究现实世界数量关系和空间形式的一门学科,人类对世界的认识,科技的发展,社会的进步都离不开数学,这就需要对传统的数学教育方式和模式做出相应的调整和创新:要从课程设计的角度认识信息技术的价值,课程的具体实施、教学内容的设置、课堂的教育教学等一系列环节都要能合理灵活地应用现代信息技术。

信息技术可以使传统手段下很难直观表现的教学内容形象生动地显示出来,在模拟之中提升学生对数学问题的理解,提高他们的学习积极性。信息技术能够通过静态的图片和动态的视频演示现实生活中的事物,还可以通过部分和整体的逐步呈现展示对象之间的关系,这些都便于学生走近数学,真切地感受数学。在学生使用信息技术辅助学习的时候,学生参与到教学实验中,在教学中的主体地位得以深化,空间想象能力和形象思维能力得以提升。

譬如:几何画板的应用模式分为教师为主体的演示模式、师生合作的共探模式和学生为主体的探究模式。并指出，几何画板起到了化静态为动态、化抽象为直观、化无限为有限的作用。

数学课程与信息技术教学整合研究要不断创新和转型：从简单评价单一教学课件的设计，到关注教学课件是否恰当地支持了学生的数学学习；从关注信息技术的使用方式，到关注利用信息技术改变教学方式和学习方式；从认为信息技术可以辅助教学，到认为信息技术为学生自主学习提供支持；从关注信息技术对教学效率的提升，到关注信息技术对教学效果的帮助；从将信息技术融入教学过程，到在信息技术平台上进行数学教学和数学实验。

维度五："立体数学"是实践的数学

《义务教育数学课程标准（2011 年版）》指出："学生学习应当是一个生动活泼的、主动的和富有个性的过程。除接受学习外，动手实践、自主探索与合作交流同样是学习数学的重要方式。学生应当有足够的时间和空间经历观察、实验、猜测、计算、推理、验证等活动过程。"

"立体数学"实践活动就是在数学学习过程中所进行的实际操作的活动，就是运用所学的数学知识和思想方法提出问题、分析问题、解决问题的过程，在这个过程中所感悟、获得的经验就是数学实践经验，概括地说，就是"学会操作"。

开展"立体数学"实践活动，应当拓展生活现实领域，深入挖掘数学活动的现实源泉，扩大数学实践经验的范围。教师还要多观察学生的生活实际，选择一些与学生生活比较切合的探究性主题，让学生参与到社会实践中，去自主探索，让数学生活化。让学生在"立体数学"实践活动中通过利用数学知识去解决一些现实生活中的问题，不断培养自身的创新意识和探究性学习的能力。

"立体数学"实践活动应该是以问题为载体、以学生自主参与为主的学习活动。活动开展中应注重学生自主参与、全过程参与，重视学生积极动脑、动手、动口；在活动中，注重数学与生活实际、数学与其他学科、数学内部知识的联系和综合应用。要使学生能充分、自主地参与课程实践活动。

"立体数学"实践活动课程可来自教材，也可以由教师、学生开发。实施"立体数学"实践活动课程时，教师要放手让学生参与，启发和引导学生进入角色，组织好学生之间的合作交流，教师不仅要关注结果，更要关注过程，要鼓励引导学生充分利用实践活动过程,积累活动经验、展现思考过程、交流收获体会、激发创造潜能。

在"立体数学"实践活动课程实施过程中,教师要注意观察、积累、分析、反思,使活动课程的实施成为提高教师自身和学生素质的互动过程。教师应该根据不同学段学生的年龄特征和认知水平,根据学段目标,合理设计并组织实施实践活动。

维度六:"立体数学"是求真的数学

《义务教育数学课程标准(2011年版)》指出,在数学课程,中应当注重发展学生的推理能力。要让学生养成独立思考、反思质疑等学习习惯,形成坚持真理、修正错误、严谨求实的科学态度。同时把逻辑推理列入六个数学核心素养之一。

数学思维的严密性和精确性特征,使数学在培养人的理性精神方面发挥着无可替代的作用。在数学中,人类的理性精神可以最大限度地体现和发挥出来,并以此来促进理性精神的发展,这是数学影响人类文化的突出方面之一。

数学公理化方法的发展大致经历了这样三个阶段:实质(或实体)公理化阶段、形式公理化阶段和纯形式公理化阶段,用它们建构起来的理论体系典范分别是《几何原本》、《几何基础》和ZFC公理系统。欧几里得的《几何原本》是希腊人追求演绎推理的经典之作,它奠定了公理化方法的基础。希腊人开创了严谨的数学推理模式,加上一丝不苟的计算,使得数学结论不可动摇。王梓坤先生指出欧氏几何给人们带来的精神财富:"这种思想方法不仅培养了数学家,也有助于提高全人民的科学文化素养,它是人类巨大精神财富。爱因斯坦关于欧氏几何曾说:'世界第一次目睹了一个逻辑体系的奇迹,这个逻辑体系如此精密地一步一步推进,以致它每一个命题都是绝对不容置疑的——我这里说的是欧几里得几何。推理的这种可赞叹的胜利,使人类的理智获得了为取得以后成就所必需的信心。'"[1]

在数学中,任何术语都被清楚地定义和解释;证明过程都严格地合乎逻辑而不含糊;任何结论都经过严格的推理而毋庸置疑,不受任何权威意见的制约与限制;任何有悖于常理的概念和理论,只要它能对数学的发展有促进作用,就不会长期被人们所拒绝。

数学论证的严谨性使人诚服,数学的真理性使人坚信不疑,数学的演算是精确的,来不得半点马虎,因此数学无声地教育人们要尊重事实、实事求是,数学也渐渐地教会

---

[1] 冯克诚主编.中学教学课堂教学方法实用全书[M].呼和浩特:内蒙古大学出版社,1999:54.

人们养成服从真理、不畏权威的科学精神，以及质疑、批判的习惯。

《义务教育数学课程标准（2011 年版）》指出："推理贯穿于数学教学的始终，推理能力的形成和提高需要一个长期的、循序渐进的过程。"教师在教学过程中，应该设计适当的学习活动，引导学生通过观察、尝试、估算、归纳、类比、画图等活动发现一些规律，猜测某些结论，发展合情推理能力；通过实例使学生逐步意识到，结论的正确性需要演绎推理的确认。可以根据学生的年龄特征提出不同程度的要求。

初中数学课程内容是通过逻辑论证来叙述的，数学中的运算、证明、作图都蕴含着逻辑推理的过程，数学中概念的形成，命题的判断，都与逻辑思维紧密相连，数学论证都是在一定的逻辑系统中进行的，教学中教师要在给定的逻辑系统中正确运用逻辑思维形式，作出示范，循序渐进、潜移默化地培养学生的逻辑思维能力。

譬如：南菁实验结合学生实际，针对不同学段和学生运算能力的具体情况，开展了《明算理、化巧算》系列拓展课程，该课程第一个目的就是让学生对数学运算的算理和算法有更透彻的理解。学生只有对基本的概念、性质、法则、公式理解深刻，在运算时才能思路正确、更为迅捷而严谨。

"立体数学"是智慧的数学，"立体数学"是人文的数学、"立体数学"是美丽的数学、"立体数学"是创新的数学、"立体数学"是实践的数学、"立体数学"是求真的数学。这六个维度不是孤立的、片面的、零散的，而是有机的融合，是立体的架构，是依据国家课程标准、遵循学生身心发展规律、符合南菁实验学校客观条件和学生具体情况，围绕发展学生学科核心素养的整体而有机融合的整体。

"立体数学"的立体性还体现在数学知识沿着历史这根纵向轴线脉络发展，在每一个代表性的时代产生不同的数学分支，同时横向与其他学科的不断融合产生新的学科，整个数学的发展呈现立体交融式这一发展模式上。我们的课堂教学不仅学习数学知识，更要让学生各种思维能力得到发展，让学生领悟数学学科思维方法。学生需要立体式的学习结构，即不同的学生获得适合他们的不同数学学习方式及不同的发展。"立体数学"应该是老师与学生、学生与学生、学生与老师立体交互式的、激发学生创造力的数学教育。

总之，"立体数学"应该是发展学生学科核心素养的课程教育，我们秉承"立体数学"的学科理念：在多维度的数学教育中发展学生的学科核心素养。

第三部分　学科课程目标

学科课程目标是学科课程的质量标准，是学科核心素养的具体表达。

一、 学科课程总体目标

义务教育阶段数学课程的总体目标概而言之，就是掌握"数与代数"、"图形与几何"、"统计与概率"等方面的知识与技能，积累综合运用数学知识、技能和方法等解决简单问题的数学活动经验；建立数感、符号意识和空间观念，体会统计方法的意义，发展数据分析观念，感受随机现象，发展合情推理和演绎推理能力，清晰地表达自己的想法；学会独立思考，体会数学的基本思想和思维方式；学会从数学的角度发现问题和提出问题，综合运用数学知识解决简单的实际问题，增强应用意识，提高实践能力；获得分析问题和解决问题的一些基本方法，体验解决问题方法的多样性，发展创新意识；学会与他人合作交流；初步形成评价与反思的意识；培养积极参与数学活动的情感，对数学有好奇心和求知欲；在数学学习过程中，体验获得成功的乐趣；体会数学的特点，了解数学的价值；养成认真勤奋、独立思考、合作交流、反思质疑等学习习惯，形成实事求是的科学态度。

二、 学科课程学段目标

我们将总课程目标进行学段分解，对照课程标准分"数与代数"、"图形与几何"、"概率统计"、"综合与实践"四个部分阐述。

"数与代数"的主要内容有：数的认识，数的表示，数的大小，数的运算，数量的估计；字母表示数，代数式及其运算；方程、方程组、不等式、函数等。此部分内容在落实相关基础知识和基本技能的同时，把关于"代数式——方程——不等式——函数"的内容作为整体设计的主干，注重"知识链"发生、发展的过程及其内在联系，引导学生感悟基本数学思想。分段目标如下表（表2-1）：

表2-1 "数与代数"课程分段目标表

年级	章节	主要学习内容	重点	难点
七年级	有理数	有理数的基本性质及运算	有理数概念、性质、运算	理解有理数基本性质、运算法则，应用到问题解决和计算中
	代数式	单项式、多项式的加减运算	单项式、多项式、同类项的概念；合并同类项及去括号的法则及整式的加减运算	理解合并同类项和去括号的法则
	整式乘法与因式分解	学习整式的乘除运算和乘法公式、多项式的因式分解	整式的乘除运算与因式分解	对多项式的因式分解及其思路
	一元一次方程	一元一次方程的概念、等式的基本性质、一元一次方程的解法及应用	理解等式的基本性质；掌握解一元一次方程的一般步骤；列方程解决实际问题的基本思路	解一元一次方程，并利用一元一次方程解决简单的实际问题
	二元一次方程组	二元一次方程（组）及其解的概念和解法与应用	二元一次方程组的解法及实际应用	列二元一次方程组解决实际问题
	不等式与不等式组	一元一次不等式（组）的解法及简单应用	不等式的基本性质与一元一次不等式（组）的解法与简单应用	不等式基本性质理解与应用、列一元一次不等式（组）解决简单的实际问题
八年级	实数	认识实数、有理数、无理数	平方根、立方根、无理数和实数的概念与性质	平方根及其性质；有理数、无理数的区别
	平面直角坐标系	平面直角坐标系及其简单的应用	平面直角坐标系的理解与建立及点的坐标的确定	平面直角坐标系中坐标及点的位置的确定
	一次函数	一次函数及其三种表达方式，包括正比例函数、一次函数的概念、图象、性质和应用。	正比例函数、一次函数的概念、图象和性质	培养学生初步形成数形结合的思维模式

续表

年级	章节	主要学习内容	重点	难点
	分式	分式的概念,分式的基本性质,分式的约分与通分,分式的加、减、乘、除运算	整数指数幂的概念及运算性质	分式方程的概念及可化为一元一次方程的分式方程的解法
	反比例函数	一次函数后,进一步研究反比例函数	反比例函数概念的抽象概括过程;图象及其性质的探索过程;解决实际问题的过程	对学生抽象思维的培养,以及提高数形结合的意识和能力
	二次根式	二次根式的概念、性质、化简和有关的计算	理解二次根式的性质,及二次根式的化简和计算	正确理解二次根式的性质和运算法
	一元二次方程	掌握配方法、公式法和因式分解法解一元二次方程,并运用一元二次方程解决实际问题	解一元二次方程的思路及具体方法	解一元二次方程
九年级	二次函数	通过二次函数图象探究二次函数性质,探讨二次函数与一元二次方程的关系,最终实现二次函数的综合应用	求二次函数解析式、二次函数图象与性质及二者的实际应用	运用二次函数性质解决实际问题
	锐角三角函数	探究直角三角形的三边关系,三角函数的概念及特殊锐角的三角函数值	理解各种三角函数的概念,掌握对应的表达式,及特殊锐角三角函数值	三角函数的概念

　　"图形与几何"的主要内容有：空间和平面基本图形的认识,图形的性质、分类和度量;图形的平移、旋转、轴对称、相似和投影;平面图形基本性质的证明;运用坐标描述图形的位置和运动。此部分"从生活到数学"、"从三维到二维"、"从整体到局部"由浅入深地展开课程内容,自始至终注重发展学生的合情推理能力,同时从实际出发有层次地逐步发展学生的演绎推理能力,并适当地引导学生运用图形运动的方法研究图形的性质。分段目标如下表(表 2-2)：

表2-2 "图形与几何"课程分段目标表

年级	章节	主要学习内容	重点	难点
七年级	平面图形的认识（一）	线段和角有关的性质	区别直线、射线、线段，角的有关性质和计算；理解互为余角、互为补角的性质及应用	线段和角的有关计算
	平面图形的认识（二）	探索在同一平面内两条直线的位置关系：相交、平行。学习与三角形有关的线段、角及多边形的内角和等内容	垂线的概念和平行线的判定与性质，三角形有关线段、角及多边形的内角和的性质与应用	证明的思路、步骤、格式，以及平行线性质与判定的应用。正确理解三角形的高、中线及角平分线的性质并能作图。三角形内角和的证明与多边形内角和的探究。
八年级	全等三角形	学习全等三角形的性质与判定方法及其应用	全等三角形性质与判定方法及其应用；掌握综合法证明的格式	领会证明的分析思路、学会运用综合法证明的格式
	轴对称	学习轴对称及其基本性质，同时利用轴对称变换，探究等腰三角形和正三角形的性质	轴对称性质与应用，等腰三角形、正三角形的性质与判定	轴对称在生活中的应用
	勾股定理	勾股定理及其应用，勾股定理的逆定理	勾股定理，也是直角三角形的性质，而且是一条非常重要的性质	勾股定理及其应用，逆定理
	中心对称图形——平行四边形	在已学多边形、平行线、三角形的基础上，反复运用平行线和三角形的知识	平行四边形、矩形、菱形以及正方形等特殊四边形的性质与判定	与四边形有关的演绎推理以及计算问题
九年级	对称图形——圆	理解圆及有关概念，掌握弧、弦、圆心角的关系，探索点与圆、直线与圆、圆与圆之间的位置关系	探索圆周角与圆心角的关系，直径所对圆周角的特点，切线与过切点的半径之间的关系，正多边形与圆的关系	利用圆的性质进行推理和计算问题

年级	章节	主要学习内容	重点	难点
	图形的相似	探究相似图形尤其是相似三角形的性质与判定	相似多边形的性质和相似三角形的判定	运用相似三角形的性质与判定解决问题

"统计与概率"的主要内容有：收集、整理和描述数据，包括简单抽样、整理调查数据、绘制统计图表等；处理数据，包括计算平均数、中位数、众数、方差等；从数据中提取信息并进行简单的推断；简单随机事件及其发生的概率。此部分内容相对集中地编排在八、九年级，注重展示统计的全过程；注重统计与概率的联系；注重体现统计与概率在解决实际问题中的应用价值。分段目标如下表（表2-3）：

表2-3 "概率与统计"课程分段目标表

年级	章节	主要学习内容	重点	难点
八年级	数据的收集、整理与描述	学习收集、整理和分析数据，并根据数据对调查对象作出正确的描述	调查的意义、特点及分类，利用扇形图、频数分布直方图和频数拆线图描述数据	绘制数据统计图，学习如何利用各种统计图对调查对象作出正确的描述
九年级	等可能条件下的概率	理解概率的意义及其在生活中的广泛应用	理解概率的意义和应用，掌握概率的计算方法	会用列举法求随机事件的概率
	数据的集中趋势和离散程度统计，概率的简单应用	研究平均数、中位数、众数以及极差、方差等统计量的统计意义	学习如何利用这些统计量分析数据的集中趋势和离散情况，并通过研究如何用样本的平均数和方差估计总体的平均数和方差	通过研究如何用样本的平均数和方差估计总体的平均数和方差，进一步体会用样本估计总体的思想

"综合与实践"是一类以问题为载体、以学生自主参与为主的学习活动。在学习活动中，学生将综合运用"数与代数"、"图形与几何"、"统计与概率"等知识和方法解决问题。"综合与实践"是课程内容的重要组成部分，也是本课程最富特色的部分。为突出这部分课程内容，各年级编排了丰富的活动课程，让学生体会数学知识之间、

数学与其他学科之间、数学与生活之间的联系，运用数学的思维方式进行思考，增强发现和提出问题的能力、分析和解决问题的能力。了解数学的价值，提高学习数学的兴趣，增强学好数学的信心，养成良好的学习习惯，具有初步的创新意识和科学态度。

第四部分　学科课程体系

　　学科课程体系的设计以学生发展为本，立足于满足不同层次学生学习需求，培养学生的兴趣爱好及个性特长，增强课程的开放性和选择性，提升课程的品味和质量。

　　"立体数学"的课程设置里面充满了各种趣题谜题、历史文化、实践探索等活动。能给学生带来心理挑战，使学生努力去寻找答案。这是"立体数学"中最具校本特色的部分，不仅能改变学生的思维方式，让学生更具创造力，还能使学生变得更具有人文情怀。让学生以全新的视角去看待这个世界，也使其身心更加健康、积极。

一、"立体数学"课程结构

　　课程标准在各学段中，安排了四个部分的课程内容："数与代数"、"图形与几何"、"统计与概率"、"综合与实践"。相应地，我校数学课程的有机构成分四个部分阐述（见图 2-2）：

　　1. "立体之数"

　　"立体之数"旨在发展学生对"代数之美"深入浅出的理解能力。数字与数字，以及代数式之间的关系，其复杂和美妙真实地反映了人们对知识的渴求。数学所有的概念都产生于如何观察问题、解决问题、描述问题的研究中。随着学生年龄的增长，对数字计算能力的增加，数字之间的关系变得形象化，方程、不等式、函数等概念得以登堂入室。"立体之数"力图引领学生在各种数学概念系统中发现互联互通的结构，拨开数学

图2-2　我校数学课程构成

符号的迷雾，把数学家看到的景观展现在学生面前。

2. "立体之形"

"立体之形"，旨在发展学生对"图形之美"卓尔不凡的鉴赏能力。对几何图形的研究不仅仅是为了满足人类是"视觉动物"的需要，图形的对称、和谐、简洁之美，是打开学生直觉思维和演绎思维培养大门的金钥匙。"立体之形"课程中融入许多精心筛选或巧妙设计的几何趣题，让学生在解决这些叙述简明清晰却不会太容易的问题的过程中体验到乐趣。

3. "立体统计"

"立体统计"，旨在发展学生对"数据之美"无处不在的分析与应用能力。数据与统计也会有陷阱，要睁大眼睛看哪些是虚假的独立数据，或者虚假的相关数据，否则会得出错误的因果关系。例如，做调查设计时要想到，碰到隐私问题，被调查者会如实回答吗？借助概率知识，我们可以使调查问卷的设计更有艺术，但是概率论也会教人说谎哦！在"立体数据"课程中，带领学生领略更有趣的数据与统计学习。

4. "立体实践"

"立体实践"，旨在发展学生对"实践之美"手脑协同的数学再创造能力。数学的学习不能仅限于课堂，"实践出真知"，要多让学生去"玩数学"、去"做数学"、去"读数学"、去"践行数学"。认真研读原典，如中国古代数学本源之作《九章算术》，努力接近和体会古人的思维方式；借助计算机研究数学问题，体会探究发现的乐趣；带学生走进商店，走进银行，走进生活中的数学，去感悟数学在生活中的价值。

二、"立体课程"分学段设置

"立体课程"是对国家课程的有效补充,是体现"立体数学"理念的重要载体(见表2-4):

表2-4 "立体课程"设置表

课程设置 / 年级学段		立体之数	立体之形	立体数据	立体实践
七年级	上学期	明算理化巧算(系列1有理数运算);数字黑洞的秘密;数学历史与文化漫谈系列1(用字母表示数和方程的演变史)	七巧板的艺术——图形巧拼求面积;萝卜头的变形记——正多面体截面探索;火柴棒中妙趣探规律	平均值平均吗?	日历异趣中的学问活动探索
	下学期	明算理化巧算(系列2因式分解);船只相遇问题	数学之美启发方案设计灵感;库里的三角形悖论;探秘生活中美的秘密——黄金分割	生日配对;预期正面和反面	折纸活动系列
八年级	上学期	自然界中的数学——二进制的记忆轮;明算理化巧算系列(分式运算)	皮克定理、月牙形和三角形;数学历史与文化漫谈系列文	醉汉的随机漫步	阿基米德的十四巧板
	下学期	握手聚会中的规律;明算理化巧算(系列3二次根式运算)	乏里农的平行四边形;用纸折出勾股定理	星期五是13日的频率更高?(日历问题再探索)	你会购物吗?——商场打折问题实践研究活动
九年级	上学期	不变量的探究;明算理化巧算(系列4解方程)	用纸折出黄金分割;寻找完美正方形	蒙提·霍尔问题	埃拉托色尼如何测量地球
	下学期	几何观点下的代数	等周定理	货比三家背后的数学知识	镶嵌问题

第五部分　学科课程实施与评价

"立体数学"的课程实施,应彰显《义务教育课程标准(2011 年版)》理念以及本校特色的育人环境,遵循让学生多维度感受数学之美的设计初衷。在实施过程中能积极拓展学生数学学习视野,培养学生数学核心素养。课程的评价能够有助于教师全面了解课程实施的效果,及时跟踪学生学习的过程,及时反馈学生学习的结果。

一、 开发"立体课程",拓展开发路径

要紧紧围绕《义务教育数学课程标准(2011 年版)》建设"立体课程",认真梳理教材各内容领域的结构和内容,读懂教材的编排结构、编写特色,理解教材的编写意图,对教学内容进行背景分析和结构分析,挖掘数学文化教育教学价值,开发出契合我校学生学情的课程体系。具体来源,要立足基础,从"点"、"线"、"面"三个方面开展。

首先是立足国家基础课程,进行校本化实施研究,夯实学科的知识教学和技能教学。

其次是做"点"的拓展,就是开发专题式选修课,提供对数学基础不同、兴趣不同的学生更合适的、定制化的数学课程。

第三是做"线"的延伸,为满足有提高需要的学生,开发培优竞赛课程,引领学生向数学的纵深方面探索。

第四是做"面"的拓展,开发综合性数学实践课程,以项目驱动,拓展学生运用数学解决生活实际问题的空间。

二、 建构"立体课堂",丰富课堂形式

"立体课堂"是在"立体数学"观念指引下的各种课堂表现形式的总称,是理论与实

践交织共生的场所。建构"立体课堂"，要将"立体数学"提倡的六维度理念贯穿其中，使得每一种课型、每一节课堂都呈现出一定的内在一致性。

"立体课堂"的呈现方式应当丰富多彩，富有灵动性。无论是课堂的外在表现形式，还是内在生长机制，都应体现"立体数学"的育人理念与要求。改造目前学生单一的"上课＋作业"学习生态，充分运用"具身认知"的原理，让学生学得轻松、有效。

在不同的课型类别，不同的课堂组织形式中能收放自如、灵活体现。可以从以下若干方面展开：

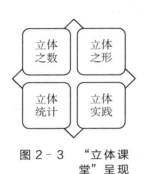

图 2-3 "立体课堂"呈现方式

例如：开展数学阅读与写作作业。提倡数学阅读与写作的目的是提高学生自学数学的能力，丰富学生的知识面，拓宽其视野；营造良好的数学社团文化，建立若干各有特色的数学社团。让学生在开放式的情境中，培养数学思维，形成团队协作的能力。再如举办数学文化节，将数学文化融入整体校园文化，包括海报、教室布置等环境浸染，也包括猜谜、舞台剧等活动形式。还可以开发互联网＋微课程，建立互联网环境下的微课程社区，形成本校特色的初中数学微课程系列素材资源库。（"立体课堂"呈现方式见图 2-3，"立体课堂"实施图谱见表格 2-5）

表 2-5 "立体课堂"实施图谱

课程领域	课程内容	年级			课时安排	实施方式							
		七	八	九		A1	A2	A3	A4	B1	B2	B3	B4
立体之数	明算理化巧算	●	●	●	2 课时		●						
	数字黑洞的秘密	●			1 课时	●							
	数学历史与文化漫谈系列		●	●	不限时					●			
	自然界中的数学——二进制的记忆轮		●		1 课时			●					
	几何观点下的代数		●	●	2 课时				●				

课程领域	课程内容	七	八	九	课时安排	A1	A2	A3	A4	B1	B2	B3	B4
立体之形	七巧板的艺术——图形巧拼求面积	●			1课时						●		
	萝卜头的变形记——正多面体截面探索	●			1课时		●						
	探秘生活中美的秘密——黄金分割		●	●	1课时								●
	用折纸证明勾股定理		●		1课时							●	
	等周定理			●	1课时		●						
立体统计	平均值平均吗？	●			1课时	●							
	预期正面和反面	●			1课时						●		
	星期五是13日的频率更高？		●		1课时					●			
	蒙提·霍尔问题			●	1课时			●					
	货比三家背后的数学知识			●	1课时								●
立体实践	日历异趣中的学问活动探索	●	●		1课时	●							
	阿基米德的十四巧板		●		1课时						●		
	你会购物吗？		●	●	不限时				●				
	埃拉托色尼如何测量地球			●	1课时						●		
	镶嵌问题			●	1课时		●						

三、 创设"立体社团"，发展数学兴趣爱好

《义务教育数学课程标准（2011年版）》在总体目标中指出："初步学会运用数学的思维方式去观察、分析现实社会，去解决日常生活中和其他学科学习中的问题，增强数学的应用意识；增强对数学的理解和学好数学的信心，具有初步的创新精神和实践能

力。"数学社团活动应该是一种以综合性学习为主要内容、以学生的趣味性主体活动为主要形式,以促进学生的全面发展为主要目标,以提高学生的实践能力为活动重点的教学形式。我校已开设社团有"沸点数学"社团,拟开设的有"菁英九章"社团。

1. 数学探索类:"沸点数学"社团

"沸点数学"课程崇尚以逻辑演绎知识,力求更好地理解自然,激发学生去探索未知数学世界的兴趣。主要实施方式为借助数学软件进行探索,让学生变得更有发明力,更富于创造力,能以一种全新的方式去看待这个世界,能从理解问题的解决模式中收获更大的乐趣。提高学生应用数学知识解决问题的能力,培养学生的观察、分析能力,加强学生的动手操作能力,鼓励学生展示自己的研究成果,培养学生的成功心态,使得学生的数学思维得到进一步提升。

2. 数学实践类:"菁英九章"社团

"菁英九章"课程主要遵循经验为求实用的传统,鼓励学生研究数学历史,从中发现数学来源于生活。以研究"九章算术"为起点,从实际问题出发,由繁到简,从特殊到一般,由具体到抽象,以解决实际问题为主旨。发现某种全新的联系,发现某些隐藏已久的神奇规律,都能让学生在惊喜之余,感受到智识上的满足,对自己发现的美充满敬畏。同时,本课程将学校教育和社会活动紧密联系起来,引导学生了解社会、认识社会,获取最新信息,培养自己适应社会、改造社会的能力。

在开展数学社团活动的同时,不定期开展数学科学与文化教育系列讲座、数学学习方法指导,设想进一步创办专门的数学刊物《菁英九章》,刊物面向学生发行,旨在提升初中学生学习数学的兴趣,充分展示学生与教师的研究成果,拓展学生的视野。

三、 实现"立体评价",完善评价标准

"立体评价"是对本校数学课程总的评价,从"实"、"活"、"新"、"精"、"趣"、"美"等六个方面体现:

1. "实",这是全部教学工作应坚持的基本立场:"以学生为本",即"立体课堂"教学应使学生有真正的提高,而不应沦为空有花架子的表演秀;

2. "活",由于我们教育的对象是正值青春期的初中生,只有把数学课真正"教

活"，我们才能将学生很好地调动起来，并促使他们积极地去思考；

3. "新"，教学的内容、组织形式要新颖，不落俗套。同时，学习材料的选择、开发也要紧贴时代的发展要求，能为学生提供前沿的信息，能引发学生的共鸣；

4. "精"，教学目标定位要精准，一课一得；教学素材要精致，避免"一英里宽、一英寸深"的走马观花式教学；

5. "趣"，教师授课风趣幽默，内容讲解生动有趣。常嵌入游戏、知识竞赛等轻松的环节；

6. "美"，教学过程中能把数学中最令人愉快的东西展现在学生面前，提高学生对美的品味和鉴赏能力。

"立体评价"针对社团的评价见表2-6、2-7：

表2-6　数学社团活动教学评价表（教师用）

活动名称		评价意见	
评价内容	评价要素	是	否
活动选题	活动选题符合课程标准、教材的要求		
活动目的	教学目标符合课程标准、教材的要求		
	适合学生的基础		
活动形式	是否与教学内容匹配、合理		
	是否符合学生的实际情况		
活动内容和步骤	活动内容合理		
	活动具有可操作性		
活动指南	活动指南清晰明确		
活动过程	思维密度恰当、信息交流适量		
	教学指导得当		
教学效果	学生参与活动的积极性、主动性高		
	学生完成活动的情况良好		
综合评语			
改进建议			

表2-7 参加社团活动自我评价表（学生用）

层次	理解	思维	交流
异常得好,有超水平的表现95—100	发现问题所有重要的方面;对所需要的数学知识有充分的理解;使用与众不同的方法,思维富有创造性	发现不止一个解决问题的途径;使用多种方式,如图表、图像等展示思维;实验,设计,分析;完成了问题要求之外的任务	答案写得很清楚,有说服力,有思想性;给别人看的图表画得很清楚
非常好,思路清晰,论证有力90—95分	发现问题大多数重要的方面;对所需要的数学知识有很好的理解	发现一个或者几个解决问题的途径;使用好几种方式展示思维;可能实验,设计,分析;可能将问题与其他问题进行比较,预测	写得很清楚,有意义;写给别人看的图表清楚
好,完成任务85—90分	发现问题大多数重要的方面——忽视了一些不太重要的方面;对所需要的数学知识大部分都理解	解决问题的途径只有一个,一些展示思维的方式可能被漏掉了;可能实验,设计,分析	写出了问题的几个部分;书写得不够清楚
还行,努力尝试,对问题理解得还不是很清楚80—85分	发现问题少数几个重要的方面;对所需要的数学知识部分理解;思维混乱;可能在大概念和观点上有遗失	可能或可能没有解决问题;数学思维不清楚或有局限性;选择了错误的解决问题的方法	在表达观点上有困难;不清楚是否是写给别人看的;图表或图像不清楚
未完成任务,表现出对问题的困惑75—80分	几乎不理解问题;对问题的重要方面发现极少;对所需要的数学知识有支离破碎的理解	不能解释思维过程;使用了不合适的解决问题的方法	写得很混乱;不清楚是否是写给别人看的
可能做过也可能没有做过努力,表现出对问题的不理解75分以下	不理解问题	答案很难理解;几乎没有或根本没有试图对结果加以解释	表达的方式让人很难理解

第六部分　学科课程管理

一、价值引领，促进教师教学行为改进

切实围绕"立体数学"的六个维度开展教育教学活动，以《义务教育课程标准（2011年版）》为基点，以开发与实施过程为主线，以学生发展为目的，坚持育人为本的原则，既关注共性发展，又关注个性兴趣特长；既关注学习结果，又关注学习过程；既关注学生学业水平，又关注学生的品德发展和身心健康。依据课程标准及课程学期计划、学生需要开发，根据学校资源情况，认真编写校本课程教材。

二、团队建设，组建一批课程开发精英

加强队伍保障，进一步加强每个教师参与组织和指导学生开展各项活动。加强教研保障，建立校本课程开发小组，所有一线教师都积极地参与到"立体数学"课程的研发工作中。教师教研交流研讨课程开发事宜，积累素材，完善数学课程内容。通过各种形式的活动推进课程建设，推选出具体的课程负责人，以专人引领和小组合作的方式推进课程建设和管理，打造优秀的数学领军人物，在课堂教学、课程建设方面积极地引领。

三、课题聚焦，促使课程品质提升

申报"立体数学"课程的相关课题，推动课题研究的开展，并积极参与市级（县市级）课题申报。要求每位教师确立自己的小课题研究，利用各种课题研究成果来促进自己的教学手段、教学模式和教学方法等的变革。组内的每位教师努力以课题研究为载体，加强科研能力的培养，转变教学观念。

四、 制度建构，保障课程建设顺利推进

建构课程制度，保障课程开展。教研组的发展方向要和学校的办学目标具有内在一致性，能够通过教研组的建设和发展，促进学校办学目标的达成，实现数学学科建设和学校办学质量的双丰收。

依据"立体数学"的理念，制定课程申报、审核、分享和评价的流程。通过制度建设，使课程开发工作更具规范性和针对性，从而促进"立体数学"课程建设的顺利进行。

1. 课程纲要制度。编写好学校课程纲要。纲要包括：课程名称、课程目标、拟开课年级、课程主要内容、课时安排、课程管理和评价。制定课程实施方案。包括：指导思想和开发原则、背景分析、课程种类和介绍、开课教师和地点、教师考核、学生管理和评价、保障机制等。

教师根据课程纲要编写教学方案或教材，组织上课并负责学生管理和教学评价。

2. 课程审核制度。课程审核的目的是加强对课程实施过程的调研和监控，从而保障课程实施的效果。学校课程管理与实施领导小组对校本课程实施的全过程进行调研。

3. 专人专项负责制定。学校成立课程规划管理领导小组，学校行政部门合作商议，根据"立体数学"课程安排，制定全学期的班级课表、任课老师课表、学生一日活动和一周活动、教师任课情况一览表、学校总课程表。教研组长采用自主、互动、民主的管理方式，对任课老师作出评价。学校提供经费等条件保障，学校管理层对课程开发管理提供支持，在时间安排、人员配置、课程设置、专家讲课、教学研讨、外出学习等活动实施以及经费等方面予以充分的保证。

（吕小兵 张忠华）

第三章

科创园课程： 终极的美是客观的

　　科创园课程包含物理、化学、生物等课程。科学和艺术之间可能是相通的。科学之美是独特的,有对称之美、秩序之美、神圣之美、纯真之美、理性之美、简洁之美……其功能是调动学生多感官观察、辨识和操作,发现其中的奥妙。

┃ 物理课程 ┃
还原自然之美的探究文化

　　我校物理组现有 15 位教师，其中高级教师 6 人，无锡市学科带头人 1 人，无锡市教学能手 1 人，江阴市学科带头人 1 人，江阴市教育科研带头人 1 人，江阴市教学能手 2 人，江阴市教学新秀 1 人，有 9 人次获得无锡市或江阴市初中物理基本功或优质课比赛一等奖；有多人参加无锡市及江阴市物理骨干教师培训班、物理学科基地培训班学习；组内教师年龄结构分布合理：30 岁以下 1 人，30—40 岁 8 人，40—50 岁 6 人，教育硕士 1 人，全部为本科及以上学历。物理组是一支实力雄厚、锐意进取、充满朝气和活力的团队。现根据教育部《关于深化课程改革落实立德树人根本任务的意见》的精神和要求，在《义务教育物理课程标准（2011 版）》和我校课程改革方案的基础上，推进我校物理学科课程建设。

第一部分　学科课程背景

一、 时代背景

　　社会发展需要物理学的进步。物理学对科学技术和生产力的发展起着最直接的推动作用，几次工业革命都是由于物理学深刻地揭示了自然规律，构成了认识自然、改造自然的巨大力量，为科技发展提供了方法和技能。

　　牛顿力学的建立和蒸汽技术革命引起了社会的全面变革，带来了社会生产力的极大飞跃，使人类进入了机械化时代；电磁理论的建立和发展，引发了电力技术的广泛应用，使人类进入了电气化时代；从电子管到半导体晶体管，再到集成电路、超大规模集成电路，一直到现在的智能计算机、光学计算机和量子计算机，巨型机的运算速度已达数万亿次;伴随着网络时代的到来,新物理技术又掀起了信息技术革命的高潮。物理学的概念与方法深入到各科学领域,现在几乎所有对生命现象的研究,都深入到了分子水平,去寻找生命本质规律,分子生物学成为了生命现象研究的核心领域和发展生物技术原理的源泉。

从社会的发展来看,在自然科学群体中,物理学处于基础和领导地位,科学技术的发展将在极大程度上依赖物理学的发展,物理学仍将在科学技术的发展中占主导地位,每一次物理学的新理论、新发现都会给科技带来变革,从而促进社会的发展。但现代物理学仍然是不完备的,物理学的内在矛盾(相对论与量子论的矛盾)表明 21 世纪的物理学需要而且必然面临再一次深刻的变革,需要我们进一步去研究。

二、　政策倡导

为适应现代社会对人才培养的要求,深化基础教育课程改革,教育部在 2014 年印发的《关于全面深化课程改革落实立德树人根本任务的意见》中提出了要发展核心素养体系,指出核心素养是培养学生养成终身发展所需的必备品格与关键能力。2016年 9 月教育部又颁布了《中国学生发展核心素养》的框架体系,明确提出:当前学校教育目标要指向学生发展核心素养。

学生发展核心素养必须通过各学科课程的学习来落实。物理的核心素养具体体现在物理观念、科学思维、实验探究、科学态度与责任四个方面。物理学科的核心素养是学生在接受物理教育过程中逐步形成的适应个人终身发展和社会发展需要的必备品格和关键能力,是学生通过物理学习内化的带有物理学科特性的品质,是学生科学素养的关键成分。

一直以来,我们南菁实验学校依托南菁百年名校的底蕴,努力遵循教育规律和学生成长规律,着力于学生初中在校学习的三年,着眼学生人生后续发展的三十年,坚持"向着美的方向奔跑"的办学理念和"在美的体验中自主成长"的课程理念,创设丰富的校本课程,为学生提供锻炼、展示、发展、享受的机会,帮助南菁实验的每一个学生获得成功。

第二部分　学科课程哲学

一、学科性质观

物理学是人类科学文化的重要组成部分，是研究物质、相互作用和运动规律的自然科学。它一直引领着人类探索大自然的奥秘，深化着人类对大自然的认识，是技术进步的重要基础。义务教育阶段的物理课程不仅含有探索大自然的知识成果，而且含有探索者的科学思想、科学方法、科学态度和科学精神，所以物理课程不仅应注重科学知识的传授和技能的训练，而且应注重对学生学习兴趣、探究能力和创新意识以及科学态度、科学精神方面的培养，让学生经历实验探究过程，学习科学知识和科学探究方法，提高分析问题和解决问题的能力。同时关注学生的认知特点，加强课程内容与学生生活、现代社会和科技发展的联系，关注技术应用带来的社会进步和问题，培养学生的社会责任感和正确的世界观。

（一）物理学科是以实验为基础的学科

物理是一门以实验为基础的学科。实验是物理课堂教学的重要基础，是物理课堂教学的重要内容，是物理课堂教学的重要方法，是物理课堂教学的重要手段，是认知的重要工具，是进行探究的重要手段，是创设情景的有效方法，是获得直接经验的重要途径，是培养科学态度、感悟科学方法、形成科学观念的重要过程，是培养合作意识、合作能力的重要途径，是培养创新精神和实践能力的重要基础。物理实验是学生认知的一个重要环节，实验教学可训练和提高学生的观察、动手和思辨能力，培养学生的创新精神和创新思维能力，促进学生科学素养和良好心理品质的养成。

（二）物理学科是以思维为核心的学科

思维是人脑对客观事物间接的和概括的反映，是在表象、概念的基础上进行分析、综合、判断、推理等理性认识的过程。物理学的研究，无论是概念的建立还是规律的发现、概括，都需要思维的加工，与一般的思维过程相比，在共性之中，物理学科的思维又有其个性。

在物理学科的研究中，物理概念的建立通常是通过抓主要特征、忽略次要因素建立模型，建模是人脑对复杂事物思维加工过程中的一种概括反映。一个物理问题的解决所经历的思维过程，往往需要分作几个过程、几个阶段或几个方面、几个步骤，须经历分析、综合的相互转换，往复循环，使思维能力逐级上升。有些开放性问题需要灵活而全面地寻求对问题的各种可能的答案，要求个体具有能从常规、刻板或带有偏见的思维方式中解脱出来，通过思维的求异和发散，从不同的角度、方向、方面去思考问题，用多种方法去解决问题，探求新的解决办法。

物理是具有方法论性质的学科。物理学科教学要通过对学生科学思维的训练，引导学生尊重事实和证据，有实证意识和严谨的求知态度；理性务实，逻辑清晰，能运用科学的思维方式认识事物、解决问题、规范行为等。

（三）物理学科是提升文化素养的学科

长期以来，物理教学的价值取向，倾向于知识和技能的传授、学习方法的了解。这种价值观念不利于科学素养的形成，物理学科核心素养就科学态度和社会责任提出了要求，为物理学科的正确价值观指明了方向。物理学是人类文化的重要组成部分，物理学的内涵随着物理学的发展带动了科学和技术的发展，同时也推动了文化、经济和社会的发展，要高度重视物理学科的人文价值，充分利用物理教育所蕴涵的人文因素，将其渗透在物理教育各个方面和教学的全过程中，最后内化为人才培养的精神和人格。物理课程是培养公民素质的基础课程，是应用十分广泛的基础科学，具有基础性、普及性、实践性和发展性。

二、 学科课程理念

物理学科是以物理知识为载体，以真实的生活素材和科学实验为依据，以培养学生的物理思维、创新能力和实践能力为目标的学科。

基于上述认识,我们倡导"本真物理"的理念。"本真物理"是以学生物理知识的本源经验为基础,以物理知识的生成、发展的过程为载体,根据学生学习心理认知的根本属性,结合物理学科的本质特征,尊重学生成长规律而提出的物理课程理念。

我们组根据物理课程的总目标,结合学校育人目标,提出了"显物理之本源,还自然之真实"的学科课程理念,"本真"是物理学科的特色,也是我们物理学科课程建设的核心主题。我们认为,本真的"本"指根本、本质、本源,亦指中心的、主要的;"真"指自然的、固有的、实在的,亦指与客观事实相符合的。"本真"指本源、真相、本来面貌,或是事物本身所固有的根本属性,亦指真实的、不加任何修饰的内心世界及外在表现,即回归自然、返璞归真或者真实情况、本来面目。在物理课程设计中,我们物理组确立了"以学生发展为本,以基础课程为核心,以拓展课程为突破,以能力培养为导向"的课程设计思路,构建物理学科课程的核心主题——"本真"。

(一)"本真物理"贴近真实自然,尊重学科本源

本真物理课程应当是源于生活而高于生活的一门艺术。物理知识的生成、发展等教学资源的开发和利用都要结合学生的生活经验,让学生进行最真实的体验,体会和感悟物理知识的内涵。本真物理课程坚持以学生的成长为出发点和最终归宿,要坚持以学生为本,以学生的生活为本。

(二)"本真物理"追求客观真理,培养求真精神

物理是求真的,物理最讲究实证,物理研究活动中最基本的态度就是实事求是。正如物理学家费曼所说:"不论你名气有多大,只要与实验不符便是错了,简简单单,这就是科学。"物理学的发展史,就是逼近真理的"求真"史。

本真物理课程既要符合学生成长的规律,也要体现学生发展的特点;既要符合物理学习的目标,也要贴近学生的生活,本真物理课程强调师生做真实的人。本真物理课程不能过多地追求形式,它是简明的、简约的学习,是符合地方特点、学校特色,彰显师生个性的学习。本真物理课程要求教师课前准备是扎实的,学生的学习与表达是扎实的,学生形成良好品质所需要的努力与坚持是扎实的。

（三）"本真物理"直击生命本真，丰富美学体验

物理是至美的，德国物理学家海森伯说过："美是真理的光辉"，"本真物理"很好地体现了我校的育人理念，物理因"真"而"美"，"真"是物理的基本美学准则。本真物理就是追寻真实的自然，追求真实的生活，做真实的人，培养求真的精神，这就是一种成长。

本真物理课程学习环境应遵循学生的生理特性、心理特性、生活习性、成长本性，强调物理学习的氛围与学生特征和谐共生、环环相扣。本真物理课程要力求尊重学生认知规律和发展规律，以原始的、真实的学习活动呈现出来。课程学习强调释放学生学习的天性，让学习过程本能地发生。本真物理课程能激励学生的主动性，要把多姿多彩的物理还给学生。教师不是拉动学生背着物理前进的纤夫，而是学生物理旅行的陪伴者，强调对学生的尊重，突出学生的个性和主体，让学生在学习中表现得积极、主动、融洽。

第三部分　学科课程目标

物理学科核心素养是学生在接受物理教育过程中逐步形成的适应个人终身发展和社会发展需要的必备品格和关键能力，是学生通过物理学习内化的带有物理学科特性的品质，是学生科学素养的关键成分。物理学科的核心素养主要包括四个方面：物理观念、科学思维、科学探究、科学态度与责任。物理学科的核心素养从落实立德树人根本任务出发，凝结了物理学科基本观念、思维方式和方法等具有物理学科特质的育人价值观，指出了学生通过物理学科的学习应当逐步形成的正确价值观念、必备品格和关键能力。通过初中阶段的学习，学生能正确认识科学的本质；具有学习和研究物理的好奇心与求知欲；能主动与他人合作，尊重他人；能基于证据和逻辑发表自己的见解，实事求是，不迷信权威；在进行物理研究和物理成果应用时，能遵循普遍接受的道德规范；理解科学、技术、社会、环境的关系，热爱自然，珍惜生命，具有保护环境、节约资源、促进可持续发展的责任感。

一、 学科课程总体目标

《义务教育物理课程标准（2011 年版）》对初中物理课程设置的总目标是使学生：保持探索科学的兴趣与热情，在认识自然的过程中获得满足感及兴奋感、成就感；学习终身发展必需的物理基础知识，养成良好的思维习惯，在分析问题解决问题或作决定时能尝试运用科学原理知识和科学研究方法；经历科学探究过程，具有初步的科学探究能力，乐于参加和科学技术有关的社会活动，有运用研究方法的意识；能独立思考，敢于质疑、尊重事实、勇于创新；关心科学技术的发展，具有环境保护和可持续发展的意识，树立正确的科学观，有振兴中华、将科学服务于人类的使命感与责任感。通过义务教育物理课程的学习，学生主要在以下三个方面得到发展。

（一）知识与技能

1. 认识物质的形态和变化、物质的属性、物质的结构与物体的尺度，了解新材料及其应用等内容，关注资源利用与环境保护等问题。

2. 了解自然界多种多样的运动形式，认识机械运动和力、声和光、电和磁等内容，了解相互作用规律及其在生活、生产中的应用。

3. 认识机械能、内能、电磁能、能量的转化与转移、能量守恒等内容，了解新能源的开发与应用，关注能源利用与可持续发展等问题。

4. 了解物理学及其相关技术发展的大致历程，知道物理学不仅含有物理知识，而且含有科学研究的过程与方法、科学态度与科学精神。

5. 有初步的实验操作技能，会用简单的实验仪器，能测量一些基本的物理量，具有安全意识，知道简单的数据记录和处理方法，会用简单图表等描述实验结果，会写简单的实验报告。

（二）过程与方法

1. 经历观察物理现象的过程，能简单描述所观察物理现象的主要特征，能在观察和学习中发现问题，具有初步的观察能力及提出问题的能力。

2. 通过参与科学探究活动,学习拟订简单的科学探究计划和实验方案,有控制实验条件的意识,能通过实验探究收集数据,会利用多种渠道收集信息,有初步的信息收集能力。

3. 经历信息处理过程,有对信息的有效性、客观性作出判断的意识,经历从信息中分析、归纳规律的过程,尝试解释根据调查或实验数据得出的结论,有初步的分析概括能力。

4. 能书面或口头表述自己的观点,能与他人交流,有自我反思和听取意见的意识,有初步的信息交流能力。

5. 通过学习物理知识,提高分析问题与解决问题的能力,养成自学能力,学习物理学家在科学探索中的研究方法,并能在解决问题中尝试应用科学研究方法。

(三) 情感、态度与价值观

1. 有学习物理的兴趣,有对科学的求知欲,能保持对自然界的好奇,乐于探索自然,能领略自然界的美妙与和谐,对大自然有亲近、热爱及和谐相处的情感。

2. 有将科学技术应用于日常生活、社会实践的意识,乐于探究日常用品或新产品中的物理学原理,乐于参与观察、实验、制作、调查等科学实践活动,有团队精神。

3. 有克服困难的信心和决心,能总结成功的经验,分析失败的原因,体验战胜困难、解决物理问题时的喜悦。

4. 养成实事求是、尊重自然规律的科学态度,不迷信权威,勇于创新,有判断大众传媒是否符合科学规律的初步意识,有将自己的见解与他人交流的意识,敢于提出与别人不同的见解,勇于放弃或修正不正确的观点。

5. 关注科学技术对社会发展、自然环境及人类生活的影响,有保护环境及可持续发展的意识,能在个人力所能及的范围内对社会的可持续发展作出贡献,有将科学服务于人类的意识,热爱祖国,有振兴中华的使命感与责任感。

二、 学科课程年段目标

根据各年级学生的现有知识水平,从了解、认识、理解、操作、经历、认同、内化等不同层次要求制定符合各年级段的课程目标。

（一）七年级课程目标

七年级课程旨在培养学生的兴趣和习惯。通过观察生活中的物理现象，兴趣类选修课，培养学生对科学的兴趣，激发学生对科学的求知欲；同时让学生保持对自然界的好奇，乐于探索自然，能领略自然界的美妙与和谐，对大自然有亲近感，养成实事求是、尊重自然规律的科学态度。

1. 学会观察生活中的物理现象，能简单描述物理现象，能尝试着去探究；会使用简单的实验仪器，能测量一些基本的物理量，具有安全意识，知道简单的数据记录和处理方法，会写简单的实验报告。

2. 通过参与科学探究活动，学习拟订简单的科学探究计划和实验方案，有控制实验条件的意识，能尝试解释根据调查或实验数据得出的结论，有初步的分析概括能力。能书面或口头表述自己的观点，能与他人交流，有自我反思和听取意见的意识，有初步的信息交流能力。通过学习物理知识，提高分析问题与解决问题的能力，养成自学能力，学习物理学家在科学探索中的研究方法，并能在解决问题中尝试应用科学研究方法。

3. 了解物理学及其相关技术发展的大致历程，知道物理学不仅含有物理知识，还含有科学研究的过程与方法、科学态度和科学精神。有学习物理的兴趣，有对科学的求知欲，能保持对自然界的好奇，乐于探索自然，能领略自然界的美妙与和谐，对大自然有亲近、热爱及和谐相处的情感。养成实事求是、尊重自然规律的科学态度，不迷信权威，勇于创新，有判断大众传媒是否符合科学规律的初步意识，有将自己的见解与他人交流的意识，敢于提出与别人不同的见解，勇于放弃或修正不正确的观点。有将科学技术应用于日常生活、社会实践的意识，乐于探究日常用品或新产品中的物理学原理，乐于参与观察、实验、制作、调查等科学实践活动，有团队精神。关注科学技术对社会发展、自然环境及人类生活的影响，有保护环境及可持续发展的意识，能在个人力所能及的范围内对社会的可持续发展作出贡献，有将科学服务于人类的意识，热爱祖国，有振兴中华的使命感与责任感。

（二）八年级课程目标

八年级课程实施安排旨在培养学生物理学科素养,让学生初步具备解释自然现象和解决实际问题的能力,形成"科学思维"的雏形,获得一定的物理学习能力。

1. 认识物质的形态和变化、物质的属性、物质的结构与物体的尺度,了解新材料及其应用等内容;有初步的实验操作技能,会使用简单的实验仪器,能测量一些基本的物理量,具有安全意识,知道简单的数据记录和处理方法,会用简单图表等描述实验结果,会写简单的实验报告。

2. 通过参与科学探究活动,学习拟订简单的科学探究计划和实验方案,有控制实验条件的意识,能通过实验探究收集数据;经历信息处理过程,有初步的信息收集能力。有对信息的有效性、客观性做出判断的意识,经历从信息中分析、归纳规律的过程,尝试解释根据调查或实验数据得出的结论,有初步的分析概括能力。能书面或口头表述自己的观点,能与他人交流,有自我反思和听取意见的意识,有初步的信息交流能力。通过学习物理知识,提高分析问题与解决问题的能力,养成自学能力,学习物理学家在科学探索中的研究方法,并能在解决问题中尝试应用科学研究方法。

3. 了解物理学及其相关技术发展的大致历程,知道物理学不仅含有物理知识,而且含有科学研究的过程与方法、科学态度和科学精神。有学习物理的兴趣,有对科学的求知欲,能保持对自然界的好奇,乐于探索自然,能领略自然界的美妙与和谐,对大自然有亲近、热爱及和谐相处的情感。养成实事求是、尊重自然规律的科学态度,不迷信权威,勇于创新,有判断大众传媒是否符合科学规律的初步意识,有将自己的见解与他人交流的意识,敢于提出与别人不同的见解,勇于放弃或修正不正确的观点。有将科学技术应用于日常生活、社会实践的意识,乐于探究日常用品或新产品中的物理学原理,乐于参与观察、实验、制作、调查等科学实践活动,有团队精神。关注科学技术对社会发展、自然环境及人类生活的影响,有保护环境及可持续发展的意识,能在个人力所能及的范围内对社会的可持续发展作出贡献,有将科学服务于人类的意识,热爱祖国,有振兴中华的使命感与责任感。

（三）九年级课程目标

九年级课程实施安排关注学生的未来发展。基于学生知识的增长和中考的需要,将生活与物理结合，提高学生分析问题与解决问题的能力，养成自学能力，让学生具备一定的探索科学的研究方法和探究能力。

1. 认识能量相关知识及其应用，理解电磁学相关知识及应用等内容；有较强的实验操作技能，会使用实验仪器，能测量一些基本的物理量，具有安全意识，知道实验数据记录和处理方法，会用图表等描述实验结果，会写实验报告。

2. 通过参与科学探究活动，拟订科学探究计划和实验方案，有控制实验条件的意识，能通过实验探究收集数据；有对信息的有效性、客观性做出判断的意识，经历从信息中分析、归纳规律的过程，能解释根据调查或实验数据得出的结论，有较强的分析概括能力。能书面或口头表述自己的观点，能与他人交流，有自我反思和听取意见的意识，有较强的信息交流能力。通过学习物理知识，提高分析问题与解决问题的能力，养成自学能力，学习物理学家在科学探索中的研究方法，并能在解决问题中尝试应用科学研究方法。

3. 了解物理学及其相关技术发展的大致历程，知道物理学不仅含有物理知识，而且含有科学研究的过程与方法、科学态度和科学精神。有学习物理的兴趣，有对科学的求知欲，能保持对自然界的好奇，乐于探索自然，能领略自然界的美妙与和谐，对大自然有亲近、热爱及和谐相处的情感。养成实事求是、尊重自然规律的科学态度，不迷信权威，勇于创新，有判断大众传媒是否符合科学规律的初步意识，有将自己的见解与他人交流的意识，敢于提出与别人不同的见解，勇于放弃或修正不正确的观点。有将科学技术应用于日常生活、社会实践的意识，乐于探究日常用品或新产品中的物理学原理，乐于参与观察、实验、制作、调查等科学实践活动，有团队精神。关注科学技术对社会发展、自然环境及人类生活的影响，有保护环境及可持续发展的意识，能在个人力所能及的范围内对社会的可持续发展作出贡献，有将科学服务于人类的意识，热爱祖国，有振兴中华的使命感与责任感。

第四部分　学科课程体系

学科课程体系是指在一定的教育价值理念指导下，将课程的各个构成要素加以排列组合,使各个课程要素在动态过程中统一指向课程体系目标实现的系统。

一、"本真物理"课程结构

　　根据初中物理学科的课程标准、物理学科核心素养、初中学生的发展特点以及我校学生的特质,依据学校"大美教育"体系的总体框架,我校的"本真物理"学科课程以"年级"为纵向设置、以"多彩物质、魅力运动、缤纷能量"为横向设置,课程结构如图 3-1:

图 3-1　"本真物理"
课程结构图

　　1. 多彩物质:自然界中存在很多物质,它们的颜色、形态、存在形式多种多样:物理颜色五彩斑斓;各种形态(固态、液态、气态)之间能相互转换;有的物质看得见、摸得着,有的物质看不见、摸不着,但客观存在。

　　2. 魅力运动:世界上的每一个物体都在运动,大到宇宙的天体运动,小到分子、原子的运动,物体的运动轨迹千变万化,是因为每个物体都不是孤立存在的,物体与物体间有着密切的相互作用和联系,力与运动有着密切的联系——力是改变物体运动状态的原因。

　　3. 缤纷能量:世界的运动、物体的存在、运动和相互作用都与能量有关,不同形式运动对应着不同的能量,每一个物理现象背后都是能量的转移或转换。

二、"本真物理"课程设置

　　"本真物理"课程设置覆盖七年级到九年级。七年级以"趣味物理"为主题,了解和观察生活中有趣的物理现象,通过调查、探究等方式尝试解释物理现象,并进行物理学发展史的研究,举办物理科普讲座等;八年级以苏科版物理基础课程为主,以"我的实验室"为载体,探寻生活中的声、光、力以及运动现象中蕴含的物理规律,开展课外拓展实验,设置实际情景的综合性主题实践活动,开展主题式研究性学习,举办物理科技节;九年级以苏科版物理基础课程为主,以"我的实验室"和"创客空间"为载体,探究力、电、磁、信息的知识,开展物理课外拓展实验和物理提升课程,对八、九年级苏科版提供的"综合实践活动"进行整理、挖掘,同时通过学校"未来科学家"活动,让有潜力的学生接触科学前沿,展示学生的创新能力,提高学生的创新素养。除了基础课程之外,"本真物理"的拓展课程如下(表3-1):

表3-1　本真物理的拓展课程

年级		内容		
年级	学期	多彩物质	魅力运动	缤纷能量
七年级	上学期	水与冰的故事; 小探究:水泡和气泡的区别; 小制作:简易温度计;	"天旋地转"的过山车; 硬币"水上漂"; 运动会百米赛跑;	生活省电小妙招; 会跳舞的小纸人;
	下学期	调查生活中的噪声污染; 如何晾晒衣服干得快; 科普讲座:宇宙的演变;	牛顿与苹果的故事; 有节奏的钟摆;	烧水时能发电; 参观发电厂,撰写小论文;
八年级	上学期	综合实践活动:比较材料的隔声性能; 测量人耳的听力频率; 水的三变; 真金不怕火炼; 人工彩虹; 影子的变化; 科普讲座:望远镜的前世今生;	估测声音的传播速度; 小制作:日晷; 照相机的调节; 测1根头发丝的直径; 拓展:人身体各部位长度的关系; "倒车"的错觉; 肉眼看不见的细菌运动	科学晒太阳; 水煮与油炸的区别; 烧不坏的手绢; 科技讲坛:中国航天;
	下学期	制作简易天平; 测量1枚大头针的质量; 孙悟空的金箍棒是真的吗? 永不满足的水杯; 制作微小形变演示仪; 制作水平仪; 制作喷雾器; 有趣的虹吸现象;	被水吸住的玻璃板; 拔河冠军的秘密; 自行车的自白; 平衡球; 高空走钢丝; 压不破的鸡蛋; 拔不开的瓶塞; 被风吹塌了的桥梁; 鱼的浮沉;	冷、热水的扩散; 会"飞"的鞋子(弹簧); 为什么会水滴石穿?

年级	学期	多彩物质	魅力运动	缤纷能量
九年级	上学期	自制杆秤； 沙子和水的分歧； 设计病房呼叫电路； 设计楼道电路； 设计和制作一个模拟的调光灯；	四两拨千斤； 蜡烛跷跷板； 导热能力的比较； 探究欧姆定律是否能长时间通电；	钻木取火； 1颗花生米的热值； 自作水果电池；
	下学期	组装家庭电路； 寻找磁场； 制作简易电动机； 验证电波的存在；	悬空的火柴； 隔空取物（利用磁体）； 探究电磁波的传播特性； 会流动的光（光纤）；	对家庭用电的调查； 科普讲座：核弹的原理； 奇思妙想：太阳能的利用；

第五部分　学科课程实施与评价

"本真物理"的课程目标，实现需要以科学的手段和方法去引导学生崇尚科学、坚持真理、涵养灵性、追求个性发展，引导学生寻找真实情景中的真和美，提升学生的物理智慧，提高学生的科学素养。同时，"本真物理"课程以实现学生真实、真正的发展为起点和依据，着力改变平时教学功利化的行为和思维方式，为学生的终身发展服务。

一、建构"本真课堂"，落实学科基础课程

课堂是落实本真学科的重要途径，"本真物理"课程需要进行"本真课堂"的建构。

（一）"本真课堂"的要义与操作

"本真课堂"指的是源于物理本源的、真正本质的课堂。"本"指根本、本质、本源，

亦指中心的、主要的；"真"指自然的、固有的、实在的，亦指与客观事实相符合的。"本真"指本源、真相、本来面貌，或是事物本身所固有的根本属性，亦指真实的、不加任何修饰的内心世界及外在表现，即回归自然、返璞归真或者真实情况、本来面目。"本真物理"在课堂中追求客观真理，追求真实，从实际出发，尊重物理学科本源，培养学生求真的精神。"本真课堂"具有以下三点特征：

1. 以兴趣为起点，实现学生的主体价值。"本真物理"课程希望通过还原自然的真实，勾起学生的好奇心；通过探寻物理的本真，激发学生探究物理知识的兴趣。学生学习物理有了兴趣，他们才愿意去思考，去探究。思考和探究才可以充分发挥学生的主体作用，让学生体验成功的快乐与失败滋味，丰富学生的情感体验，激发学生学习的积极性，使学生自主、自由、自觉发展，从而全面提高学生的物理素质。

"本真物理"课程要求我们拓宽教学的视野，以学生发展为本位，以学生学为本位，以开放生成为本位，让物理课程成为真实的、生动的、充满活力和创造力的舞台。让学生丰富对自然界规律的认识和感受，激发学生探究物理知识的兴趣，实现学生的主体价值。

2. 以动态为抓手，实现学生的高效学习。"动态生成"的课堂是最贴近学生的课堂，"动态生成"的学习是最真实的学习。我们老师要善于通过生动的情境设计，捕捉精彩的意外，通过积极的互动，让学生的生命得到尊重，教师的价值得以体现，使物理学习中呈现生机勃勃、精彩纷呈的动态变化。

"本真物理"课程通过创设师生互动、互助的过程，让双方平等交流、心灵对话、思想交换，触发科学价值观的共鸣。课程学习过程中，使教师与学生，学生与学生合作、对话、碰撞，生成新问题、新情况、新思维与新方法。教师掌握相应的实践策略，有效地应对学习中鲜活的、稍纵即逝的生成信息，从而提高学习的实效。

3. 以项目学习为主要学习方式，引导学生去探究。"本真物理"课堂的项目式学习通过建构主义理论的情景化学习，将所学知识与真实世界问题相联系，增强学生的学习动机，提高学生的学习兴趣、学习毅力和学习获得感。

"本真物理"课程通过项目式学习，让学生以小组的形式，借助网络、图书馆和社会自然环境等多种资源开展多样化的探究，如调查、实验、设计、制作，在一定时间内解决一系列相互关联的问题，将结果以作品的形式展现出来。学生在开放式的学习活动中,科学探究、团队协作、人际交往和社会责任感等核心素养也得到了进一步的发展。

(二)"本真课堂"的评价标准

"本真课堂"的实施要体现本真课堂的特点,要追求客观真理、追求真实,从实际出发,尊重物理学科本源,培养学生求真的精神。要以"学生发展为本,以能力培养为导向"的教学理念,构建物理课堂的核心主题——"本真"。根据课型的不同,设计"本真物理"教学评价表(见表3-2)。

表3-2 "本真物理"课程实施评价表

课题内容:_____ 任课教师:_____ 时间:_____ 地点:_____

评价项目		评价内容	权重	得分	总分
基础性评价 85%	学习目标 15%	1. 知识与技能:根据学习内容设置知识目标和技能目标。	5%		
		2. 过程与方法:根据学生实际设计活动过程,方法手段有效,体现课程标准。	5%		
		3. 情感态度与价值观:根据学习内容激发学生学习物理的兴趣,培养学生实事求是的情操,引导学生树立正确的价值观,有利于学科核心素养的形成。	5%		
	学习行为 30%	4. 学习过程:创设师生平等交流、生生合作互动的学习氛围;面向全体,关注个体差异;展示发展思维、培养能力的学习过程,注重学习过程的调控和学习效果。	10%		
		5. 学习方法:根据学习内容的特点,指导学生自主学习,合作探究,科学、有序地组织开展学习活动;注意学习过程的动态生成。	10%		
		6. 学习手段:根据实际需要,恰当灵活地运用手段方法,如讨论、交流、操作、比赛、辩论、实验等,能适当利用拓展资源来提高学习效益。	5%		
		7. 老师基本功:学习过程中,老师语言准确、规范、亲切自然,灵活运用材料,应变能力强,物理素养高。	5%		
	学习方式 25%	8. 自主性:学生有浓厚的学习兴趣;在教师指导下主动地参与学习活动,自主选择最适合自己的学习方式进行有效学习。	10%		

评价项目	评 价 内 容	权重	得分	总分
	9. 合作性：学生能在教师的组织下，有效地运用各种交流和沟通形式，开展师生、生生之间的学习合作，在合作中共同学习、共同进步。	5%		
	10. 探究性：学生在教师的引导下，独立思考或与同伴合作，运用已有的经验和技能，去发现、探究学习问题，并在发现、探究中培养质疑的能力，提高分析问题和解决问题的能力。	10%		
学习效果 15%	11. 目标达成：完成学习任务，实现学习目标。	5%		
	12. 学习活动：学生参与面广，学习气氛活跃，互动效果好。	5%		
	13. 综合发展：基础知识得到夯实，基本技能得到提高，思想情操得到陶冶，思维能力得到发展，有作品呈现。	5%		
特色性评价 15%	14. 体现本真：设计符合不同课型的教学活动，突出学生的主体性，体现知识探究的情境性；科学思维的逻辑性、批判性；实验探究的真实性、深入性；科学态度的严谨性、求实求真。建立凸显物理科学素养——"物理观念、科学思维、科学探究、科学态度和责任"的本真课堂。	15%		
总评				

二、 建设"本真学科"，落实学科拓展课程

"本真物理"课程是在《义务教育物理课程标准（2011 版）》框架下，结合我校的实际情况进行整合，从物理的本真属性建设"本真物理"，落实物理学科核心素养的拓展课程。

（一）"本真学科"的建设路径

物理是一门以实验为基础的学科，物理与我们的生活、自然、生产、科技等密切相关，所以从"物理与生活"、"物理与自然"、"物理与实验"、"物理与探究"、"物理与科技"、"物理与生产"六个方面进行本真物理的"1 + X"学科课程群建设，每一个开展课

程从方案设计、活动开展、总结反馈都形成一套有效的机制并不断完善。

1. 物理与生活课程。物理与我们的生活密切相关，以真实情景为研究背景，教学内容应尽量取材于学生的生活，让学生从熟悉的情境中学习知识。这不仅有利于学生理解概念和掌握规律，而且可以增强学生从实践中联系理论的意识。在学生建立概念和认识规律之后，应及时引导学生用掌握的知识来分析解决生活和社会中的实际问题，强化理论的应用意识。还要让学生学习基本的科学方法，并能将这些方法迁移到自己的生活之中。例如，让学生把"假设—检验"的科学探究思路用于探索身边的未知事物，把物理课中"尊重实验数据"的原则拓展到生产、生活中的"尊重客观事实"，用物理学的科学方法和精神对待周围的事物。

2. 物理与自然课程。物理与自然也是密切相关的，以现实中的自然现象为研究背景，从学生熟悉的自然环境入手，学生更有亲切感。例如生活中水的蒸发、沸腾、凝固等自然现象，以"水的自白"为主题，进行水在固态、液态、气态三种状态的转换，并能迁移到其他物质；受彩虹的绚丽多彩现象的影响，萌发"我要制造人工彩虹"的念头等等。通过对身边自然现象的研究，探寻物理规律，激发学生热爱自然、理解自然的情感。

3. 物理与实验课程。实验教学是物理教学的重要组成部分，是落实物理课程目标，全面提高学生科学素养的重要途径。要发挥实验在物理教学中的重要作用，合理开发实验教学的课程资源。物理实验通常包括演示实验和学生实验等。教师应通过各种途径开发实验课程资源，根据具体情况适当增设一些学生实验，增加学生的动手机会，让学生在实验中认识尊重客观数据的重要性，从而养成实事求是的科学态度，在实验的相互配合中发扬合作精神。同时，应大力提倡用身边的物品做实验，例如使用饮料瓶等日常用品进行物理实验，这样既可以拉近物理学与生活的距离，让学生深切地感受到科学的真实性，又补充实验课程资源，有利于增强学生的创新意识。

4. 物理与探究课程。合理设计科学探究活动。在探究式教学设计中，应首先依据课程目标和教学内容确定教学目标，如考虑通过探究活动，学生在科学内容的学习上应达到什么目标，在能力培养上应突出哪些方面，应注意哪些"情感·态度·价值观"方面的目标渗透等。另外，还应根据教学内容、学生情况及实验条件等预设探究活动的大致过程，并且清楚探究活动中的难点、重点与兴奋点等。在进行科学探究活动过程中，常常会出现"节外生技"的情形，因此在教学设计中应预设哪些地方可能出现问题，解决这些问题的方式可能有哪些。

探究式教学的设计，要循序渐进，既要整体考虑学生科学探究能力目标的逐步达成，又要分别考虑每次探究活动的侧重点。由于课时所限，不可能在每次探究活动中各个要素都面面俱到，一次科学探究活动可以侧重某些探究要素，通过一系列的探究活动，使所有要素对应的探究能力都得到培养。这不仅有利于在有限的课堂时间内完成科学探究任务，而且能使所侧重的探究过程更加深入、具体，有利于提高学生的科学探究能力。

另外，教师还可结合当地条件和学生情况等设计一些课题，或让学生自己提出课题进行探究。这些自主设计的课题为实现本标准中所要求的科学探究能力目标提供了更多的课程资源。教师可引导学生利用课余时间对这些课题进行探究，这样使探究环境更加开放，时间也比较机动，对培养学生科学探究能力更为有利。

5. 物理与科技课程。物理学与科技有着极为紧密和广泛的联系，每一次科学技术的大爆发都离不开物理学的新发展，选取学生熟悉的最新科技或与生活密切相关的科技知识设计课题，比如国际上的量子通信技术、我国的载人航天等，让学生通过阅读、收集信息、调查研究和讨论展示等方式学习，了解科技前沿，理解科技是第一生产力，培养学生的物理学习热情和科技情怀。

6. 物理与生产课程。物理学与生产有着极为紧密和广泛的联系，教师不可能将庞大数量的信息在有限的教学时间内塞给学生，必须选取相关的各种资料精选、精讲。例如在讨论与生产相联系的课题时，可以分别从资源（能源）、人口，以及环境和生态、交通和居住等方面考虑，要注意结合当地实际，选取学生常见的事例，把跟学生本人、本校、本地有关的现实内容补充在课堂中。在教学方式上，要尽可能采用图片、投影、录像、光盘等媒体，强化视听效果。丰富的内容让学生通过阅读教材和其他补充材料（包括视听材料）、收集各种形式的信息、调查研究和讨论展示等方式学习，拉近物理学与生活的距离。

（二）"本真学科"的评价要求

"本真学科"来源于学科的本真，所以"本真学科"的评价一定是以客观事实为基础，以科学原理为准绳，以生活实际为来源。本真课程依据教育发展的客观规律以及学科发展的内在逻辑,运用科学的原理与方法,对"本真物理"的内涵进行分析、归纳、综合、判断,寻找其本质特征的主要表现及其相关的制约因素,研究其构成要素和运作规律的过程,总结出本真物理评估标准需要考虑的因素并制定本真物理学科评价标准(见表3-3)。

表3-3　本真物理学科评价标准

项　目		评 分 细 则	分值	评价结果	
				自评	他评
本真物理的内涵	本真物理的理念	体现物理学科特色,尊重学科本源;满足学生的发展需求,符合学生认知和成长规律,结合学校育人目标。	10 分		
	本真物理的实际可操作性	具有明确目标、符合学校发展水平的可持续发展的学科发展规划;从学校的实际问题出发,结合学校教学改革的需要,符合学校资源配置的实际情况;以学生的成长为出发点和最终归宿,坚持以学生为本,以学生的生活为本,符合物理学习的目标,贴近学生的生活。	10 分		
本真物理的建设	本真物理课程	有完整的学科课程体系以及多样化的学科课程;形成以学科为核心的、围绕与其密切相关的学科领域,相互渗透、相互交叉、相互支持、相互依托的学科课程群。	15 分		
	本真物理学科团队	建设一支团结合作、富有活力、乐于奉献、勇于创新,且知识结构、年龄结构、专业结构、学历层次等都合理的学科梯队;拥有在本学科治学严谨、教学和科研成绩显著、有一定影响力的学科带头人;还要有一批教学水平较高,科研能力较强,在学科梯队中承前启后的学科骨干。	10 分		
	本真物理学科教学	教师建构本真物理课堂教学范式,在教学思想、教学方式和教学技巧等方面形成教学特色,形成具有本校特色的学科有效教学方法和经验;具有完善的学科教研制度:如集体备课制度、听课制度、评课制度、质量监测制度、小课题研究制度、核心课题集体攻关制度、教改实验制度等。	15 分		
本真物理学科的影响力		本真物理取得一定理论与实践经验,获得良好的社会声誉;得到学生、教师、家长的认可与支持;本真物理建设形成的经验具有一定的推广性,成为其他学校借鉴的对象。	10 分		

项　目	评　分　细　则	分值	评价结果	
			自评	他评
学生的全面发展	学生发展的精神面貌良好,学习的主动性表现充分;学生对某一学科领域保持长期的关注,形成水平较高的特长生群体;学生参与的范围比较广,获得丰富的学习成果。	10分		
教师的专业成长	教师的自我效能感得到增强;教师形成自己的教学特色和教学方法,教学水平、科研能力、课程开发能力等得到提升。	10分		
本真物理教育科研成果	开展与本真物理相关的课题研究;取得反映研究质量的科研成果,如开发出有特色的学科教材,发表关于特色学科建设的文章、出版著作等实体成果。	10分		

三、 创设"本真社团"，落实兴趣爱好课程

将"本真物理"课程按年级和内容进行设置,创设本真社团,社团内根据研究主题分成各个兴趣小组。以小组为单位,根据小组的研究课题制定具体的活动方案,并组织分工和实施。

（一）"本真社团"的建设

根据"本真课程"的课程目标,下设以下几个兴趣小组:

1. 奇妙物理小组:对生活、自然、社会、科技、生产等进行观察和调查,以物理现象的奇妙观察为主,通过设置以观察和调查为主体的课题,结合生活、社会现象,观察、收集和积累小学经历及生活中的科学现象。让学生体验真实的自然,体悟科学的魅力,激发学生对科学的兴趣,培养学生观察自然和生活的习惯。

2. 实验探究小组:以"我的实验室"为载体,结合所学知识,充分发挥学生能动性,对物理现象进行讨论分析,并对实验进行反思和创新。培养学生科学的思维方法和分析、解决问题能力。

3. 拓展研究小组：以"我的实验室"为载体，对研究问题深入研究，探究研究问题与其他因素的关系、与其他学科的融合等等；以科技节、项目比赛等活动为载体，进行小制作、魔术实验表演拓展实验研究，实现"我的实验我做主"！

4. 未来科学家研学小组：以"小科学家"研学活动为载体，通过研学学习了解相关的物理知识，通过研学学习听取科技前沿报告，了解物理知识的来源与发展，并能主动关注物理科技的发展。

5. steam 项目研究小组：以"我的实验室"为载体，结合所学知识，充分发挥学生能动性，通过对生活中真实的情景问题的探究，抓住主要矛盾，进行讨论分析，解决问题，培养学生透过现象看本质的能力。

6. 创客空间小组：以机器人、科技发明等活动为载体，发布项目式任务，让有潜力、有创意的同学展示创新能力，提高学生的创新素养。

(二)"本真社团"的课程评价

本真社团的评价要从社团目标、内容和形式的匹配性和科学性进行。本真社团的目标、内容和形式要符合不同年级段的学生，七年级的学生一般符合观察、调查和小制作、小发明、研学类；而八年级的学生一般还要增加科学探究、拓展研究、steam 研究；九年级的还要进一步进行真实问题的 steam 研究和创客研究。这样才能真正体现出本真社团以人为本、逐步推进的特点。（见表 3 - 4）

表 3 - 4　社团课程评价标准

评　价　指　标			个人评价	组内评价	教师评价	总评
课前情报资料收集	全面、丰富。	10 分				
学习态度	端正。	5 分				
学习准备	准备充分，能提出值得研究的问题并进行假设和猜想。	5 分				
研究设计能力	能根据实验目的制定探究计划，并进行实验可行性的判断。	15 分				

评 价 指 标			个人评价	组内评价	教师评价	总评
实践探究能力	能科学地观察实验现象,熟练地进行实验操作,准确地读取各项数据。	15分				
数据处理能力	如实地记录实验数据;能对收集到的实验数据进行分析并进一步处理。	10分				
分析归纳能力	能归纳或概括出实验结论,验证猜想或假设。	10分				
合作学习能力	能积极与组内成员合作交流、分享。	10分				
学习成果	呈现是否准确。	10分				
应用能力	能知识迁移,进行发明创新。	10分				
综合素质						

四、 建设"本真物理节",浓厚物理学习氛围

根据我校实际,每学年组织一次"本真物理节",制定详细的活动方案,确定活动主题、参与人员、组织形式、活动时间、范围等,将本真物理研究成果进行展示,让更多的师生享受本真物理研究成果和乐趣,浓厚物理学习氛围。

(一)"本真物理节"的活动方案

"本真物理节"活动宗旨:为进一步推动我校物理教学的改革实践,检验"本真物理"课程教学效果,展示学生的物理学科素养,特举办"本真物理节",营造物理学习氛围,让学生接触物理、感受物理、欣赏物理、应用物理,培养学生学习物理的兴趣,激发学生学习物理的热情,培养学生的实践能力和创新精神,丰富校园文化。

每年12月举办本真物理节,参与人员为全体学生,活动主题为:"显物理之本,还自然之真"。本真物理节的节目展示形式多种多样,可以进行物理魔术表演——神奇

的肥皂泡、会跳舞的小木偶、凌空微步等；小发明、小制作、机器人展示——自制杆秤、自制温度计、灭火机器人等；宣传海报——生活中的机械、噪音与健康等；科学讲坛——围绕某一科技、物理史或者科学热点进行科普演讲。

1. 物理魔术表演。选择一些有趣的物理实验进行包装设计，利用声、光、电等知识和相关器材设计非常规的现象呈现，用魔术的奇幻效果表现出来，吸引学生的眼球，激发学生的好奇心和求知欲。另外再配以志愿者的细致讲解，将书本中冰冷的物理原理变得"和蔼可亲"。利用物理魔术表演，物理小白可以体验到奇妙的物理现象，知识渊博的学霸在一旁把实验原理娓娓道来，让物理走出课本、走进大众，让不同学习层次的学生都能在尝试与欢笑中体会到物理的魅力所在。

2. 小发明（制作）展示。展示本真物理课程实施过程中同学们的一些小发明、小制作，可以是实物展示，也可以是照片、视频展示。不只在"本真物理节"上现场展示，还要在物理节后持续展示，可以在校园里一些专门的地方展览，并且可以定期举办"我爱发明"等科技活动。将"本真物理节"的影响力渗透到日常的学习中。

3. 科技宣传。关注物理与科技的发展，关注物理与生活、生产的联系，在"本真物理节"中，围绕"物理与科技"、"物理与生活"等主题，对事关人们日常生活的物理知识、物理科技的重大进步等内容设计宣传海报，要字迹清晰，图文并茂，内容通俗易懂。海报张贴在校园的各个角落，让学生了解相关的物理科技知识，还可以制作小视频，利用互联网扩大宣传和影响力。

4. 科学讲坛。科学讲坛一定要有明确的主题，按照确定的主题进行内容的选择。科普演讲的内容可以是某个奇特的物理现象，可以是现代科技，也可以是古代物理研究故事、物理科学前沿、物理和其他科学融合，还可以是某个物理学家的生平、同一时期物理学家不同的研究成果、不同时期同一领域物理学家的研究成果对比，或者对物理学简史等进行科普演讲。对选择的内容要进行筛选、加工、整合，要制作 PPT，PPT内容简洁明了，影像资料要清晰，画面要求真求实，切换流畅。演讲内容、语言、神态要有感染力，对人有激励作用。

（二）"本真物理节"的评价要求

"本真物理节"要以本真物理课程设置为基础，采用学生的真实案例，充分调动学

生的积极性,发挥学生的自主性;本真物理节的活动要抓住物理的趣味性、生活性,营造浓厚的物理学习氛围。(见表3-5)

表3-5 "本真物理节"评价表

项目	内　　容	分值	评分
主题	主题鲜明,有物理味道。	10	
内容	节目种类多样化。	10	
	节目内容详实有意义,具有趣味性、生活性、科技性、人文性。	20	
	展示形式多样。	10	
	展示编排有创意。	10	
组织	活动策划周密。	10	
	成员分工合理。	10	
	配合默契,有条不紊。	10	
活动效果	发掘潜力,发挥个性特长;培养兴趣;有利于丰富校园文化生活,营造浓厚的物理学习氛围;有利于推动本真物理课程的实施。	10	
总评			

五、 做活"本真探究",发展学生探究精神

本真课程的最终目标是让学生在探究中自主创新。在本真课程的实施中,要以项目式学习设计"学生小课题研究",让学生在小课题研究中进行科学探究活动的系列训练。历经"提出问题——猜想——设计实验方案和计划——实验操作、观察现象和收集数据——数据分析和归纳——总结结论——交流评估"这一系列思维活动过程,学会科学探究,享受科学探究的乐趣。

(一)"本真探究"的主题设计

1. 生活物理。以生活中的体验类课题为主:观察生活中的光现象、运动现象、声

现象等。通过观察生活中的物理现象、参与兴趣类选修课，熏陶学生对科学的兴趣，激发学生对科学的求知欲；同时让学生保持对自然界的好奇，乐于探索自然，能领略自然界的美妙与和谐，对大自然有亲近感，养成实事求是、尊重自然规律的科学态度。引导学生用掌握的知识来分析解决生活和社会中的实际问题，把物理课中"尊重实验数据"的原则拓展为生产、生活中"尊重客观事实"，用物理学的科学方法和精神对待周围的事物。

2. 魅力物理。以科学探究类和拓展类课题为主：（1）科学探究类：水的沸腾、平面镜成像规律、凸透镜成像规律等等；（2）拓展探究类：如何测量声音的速度、光的能量的体现等等。通过各种途径开发实验课程资源，根据具体情况适当增设一些学生实验，增加学生的动手机会，利用身边的瓶瓶罐罐做实验，例如使用饮料瓶等日常用品进行物理实验。这样既可以拉近物理学与生活的距离，让学生深切地感受到科学的真实性，又补充实验课程资源，有利于增强学生的创新意识，培养学生物理学科素养，让学生初步具备解释自然现象和解决实际问题的能力，形成"科学思维"的雏形，获得一定的物理学习能力。

3. 深度物理。以科学探究类、拓展类、steam 类、科技人文类课题为主：（1）科学探究类：杠杆的平衡条件、串并联电路的电流规律等等；（2）拓展探究类：异形杠杆的平衡、混联电路的电流规律等等；（3）steam 探究类：隔声材料的不同综合实践活动、建筑工地上的机械组合等等；（4）科技人文类：伽利略的科学之路、牛顿的物理学贡献等等。基于学生知识的增长和中考的需要，将生活与物理结合，提高学生分析问题与解决问题的能力，加深学生思维的深刻性，培养学生的自学能力，让学生具备一定科学探索的研究方法和探究能力，关注学生的物理核心素养，为学生的未来发展奠基。

（二）"本真探究"的评价要求

本真探究不只是在课堂上、社团活动中的探究，最终要能内化到学生的科学素养中，具体到学生的科学探究行为上。所以本真探究中的学生小课题研究要从学生的学习、生活着手，让学生在小课题研究中掌握科学的思维活动，发展学生的探究精神。（见表 3 - 6）

表 3–6　"本真探究"课程评价表

项目		具 体 内 容	分值	评价	
				自评	他评
课程管理	计划管理	把本真课程的开发、实施纳入学校课程发展的总体规划,切实加强管理,促进本真探究的顺利开展和常态实施。	10		
	资源管理	发挥校内有各种特长的教职员工的作用,利用网络、服务平台、图书馆、实验室、计算机房等校园设施、场地和设备等,建立研究性学习课程网络管理、服务平台,实现课程开发、管理、服务和评价的网络化,因地制宜、因时制宜充分开发和利用各种教育资源。	20		
	课时管理	注意长期规划与短期安排相结合,集中安排与分散安排相结合。大约三分之一的课时用于理论讲座和班级集体活动,三分之二的课时用于组织学生进行文献、调查、实验、制作等实践活动。	20		
	档案管理	学生研究性学习活动手册是记录学生实践活动过程的档案资料,也是活动评价的重要依据。活动手册应包含课题立项的认定、成员组成、课题研究方案、研究活动过程记录、中期总结、结题报告、自评和互评结果、指导教师评价和学分认定等内容。为更好地引导和监控整个实践活动过程,发挥课程应有的价值和功能,保证课程实施的有效性,学校必须加强研究性学习活动的档案管理,建立和完善学生研究性学习活动手册管理制度。	20		
教师管理	帮助学生	帮助学生提出课题,确定研究范围、内容、方法与方案,指导学生的实践过程,形成研究报告。	10		
	指导学生	根据所指导的课题,制定相应的指导方案。指导方案包括:学生活动的具体目标、活动过程与具体方法的指导;资料与工具的准备;对学生评价的具体内容和办法等。	20		
总体评价				总计	总计

第六部分　学科课程管理

一、理念引领

　　物理课程是一门注重实验的自然科学基础课程,既要注重科学知识的传授和技能的训练,还要注意让学生经历实验探究过程,学习科学知识和科学探究方法,提高分析问题和解决问题的能力;要注重与生产、生活实际及时代发展的联系;要关注学生的认知特点,加强课程内容与学生生活、现代社会和科技发展的联系,关注技术应用带来的社会进步和问题,培养学生的社会责任感和正确的世界观;要反映人类在探索物质、相互作用和运动规律等过程中的成果;要含有探索者的科学思想、科学方法、科学态度和科学精神等。

以提高学生科学素养为宗旨,我们将坚持这样的原则:以学生物理知识的本源经验为基础,以物理知识生成、发展的过程为载体,根据学生学习心理认知的根本属性,结合物理学科的本质特征,尊重学生成长规律而提出的物理课程理念——"本真物理"显物理之本源,还自然之真实!

二、　团队建设

课程组有经验丰富的老教师、年富力强的中年教师和年轻有朝气的青年教师,课程组成员教育教学素养高,成员结构合理,有高级教师 6 人,各级骨干名师 7 人,教育硕士 1 人。各个组员积极上进,锐意进取,组成了一个充满朝气与活力的团队。

课程组将以课程活动为基础,组织课程组组员进行课程理论学习、研讨、沙龙等一系列活动,让课程组组员在思维的碰撞中成长;同时课程组将采取"请进来,走出去"的思路,聘请专家举办讲座,外出参加各项培训学习。通过专家引领、内省自身,从而博采众家之长,最终让每一位课程组成员都有独立策划本真物理课程的开发和实施能力,让每个课程组成员都能独当一面,使课程组建设团队更强大。

三、　制度建设

科学严谨的制度是保证课程顺利实施的保障。物理组从课程总目标、年级段目标、教学目标、课程组团体活动、课程学习、学生目标等方面都做了详细的规划,以保障课程建设的顺利实施。

1. 精品课程制度。制定精品课程规划,每学期组织教师、学生根据课程内容和实施效果评选出 3 个优质课程，邀请专家和教研组全体老师进行专题研讨，优化课程内容和实施方案，细化课程管理，并利用对外交流展示的机会，扩大精品课程的影响力。

2. 教研制度。每学期做好教研活动计划和总结，规范教研活动的流程，明确教研活动要求。实行集体备课制，每次定时间、定地点、定内容、定主讲人，备课活动由备课组长主持，主讲人阐述，其他组员积极讨论，拟订详细的集体备课方案，包括学习教育教学理论、分析教材、分析重点和难点、研究教法学法、优化教学设计，并记录在《备课活动记录本》中；每次教师上完课，要及时反思教学中的优点和遗憾，找出解决方法；每学期每位老师面向教研组上一堂观摩课，对课堂教学的实效进行评价，找出问题，讨论解决这些问题的策略与方法；期末，由教研组长、备课组长组成领导小组，对教案撰写、教学效果等进行考核，并提出指导意见。

3. 课程分享制度。定期举行课程成果分享会，进行不同课程间的经验交流，博采众长，优势互补，同时听取学生、家长和学校的建议，更好地完善本真物理学科课程的架构、实施和评价。在课程成果分享的同时，实行课程听证。课程听证是保障本真物理教育质量的重要途径。课程听证分别从课程设计、课程内容、学生评估、师资力量、资源配备、质量保障和基础设施等方面，全面覆盖本真物理课程的相关内容，听证一般采用自评、他评相结合的方式。课程听证一般安排在学期期中和学期末，召开任课教师座谈会，听取任课教师对本真物理课程建设的意见；同时要对课程学生进行问卷调查或座谈会，关注学生喜好的程度，听取学生、家长、社会人士的建议和意见，及时修正不足，完善方案。

四、 课题聚焦

课题聚焦，引领本真物理课程建设。针对本真物理课程的开发、实施、评价等方面进行研究，积极申报省市县课题。聚焦本真课程情景的选择和内容的设置，研究本真物理课程开发要求和准则，丰富本真物理课程的设置；聚焦本真物理课程的实施路径，研究本真物理课程实施方法、方式和注意点，落实本真物理课程的实施；聚焦本真物理课程的评价，研究本真物理课程的实施效果，促进本真物理课程的建设。

五、 经费保障

本真物理课程开发获得学校的肯定和大力支持，每一学期都有相应的经费拨付，保证教学经费及时、足额投入到教学工作中，学校特制定相应的经费保障制度。

1. 统一领导、统筹安排、分级管理、指标控制。在学校的统一领导下，根据教学工作的需要统筹安排和使用各项教学经费，进行分级管理，对各项经费分设经费卡。

2. 保证总量、逐年增长的原则。学校每年投入的日常教学经费应不少于当年总额的 30％，且保证生均日常教学经费逐年增长。

（马兵 赵永忠）

第四章

健美园课程： 有一种美叫健康

　　健美园课程包含体育课程群、心理辅导课程群等课程。美是一种追求，健康是一种态度。对学校而言，美和健康更是一种教育价值。健美园课程强调训练运动技能，让学生学会支配自己的身体，更好地理解他人、提升自我。

┃ 体育课程 ┃
让快乐与健康伴随成长

南菁实验体育教研组是一个有着优良传统的团队,大家以南菁校训"忠、恕、勤、俭"为准则,秉承南菁先辈的优良作风,紧抓常规教学,注重教育科研,重视团队合作。这是一个结构合理、各有专长、团结互助的优秀团队。南菁实验体育教研组共有教师8人,师资队伍优良,年龄结构合理,其中高级教师3名,中初级教师5名,江阴市教学能手1名,年轻教师在江阴市基本功大赛中多次获奖。全组成员紧紧围绕"向着美的方向本跑"的办学理念和"在美的体验中自主成长"的课程理念,积极进行课程开发,充分发挥学生特长,培养学生兴趣,实现让快乐与健康伴随终生的教育情怀。这是一个成果丰硕、成绩斐然、不断追求进步的成长型团队。学校独立建制以来,本组的教育教学质量逐年提升,实现了一个又一个跨越。现依据教育部《关于深化课程改革落实立德树人根本任务的意见》、《义务教育体育与健康课程标准(2011年版)》,制定我校"悦动体育"课程方案。

第一部分　学科课程背景

一、 提高青少年体质健康水平和体育意识的需要

据调查,近二十年来,我国青少年学生体质健康水平持续下降,这已经引起了国家和社会的高度关注。究其原因,首先,随着我国经济社会的持续发展,国民的物质文化生活水平整体上有了很大提高。但是,新的生产和生活方式也造成了人们体力活动减少,心理压力增大,对国民健康造成了一定的负面影响,这种状况在我国青少年中表现得尤为突出。其次,长期以来初中体育都是以中考项目为主进行教学,体育教学有向

训练化方向发展的趋势，体育教师教育思维被束缚，学生日益远离体育课堂，整个学校体育教育显得功利化、短视化，这与发展学生终身体育的目标相违背。要改变这种情况，提高青少年学生的体质健康水平，我们必须要从体育课程的整体角度来重新思考，制订切合实际的体育课程目标以及达成路径，这是我们制订悦动体育课程的一个重要原因。我们力求对目前初中体育的应试化现状做出一点改变，恢复体育本来的面目，做到目光长远、目标多元，而不是仅仅关注体育考试。

二、 学校体育教学和科研的需要

之所以要进行体育教学改革，一方面是因为南菁高级中学自 2003 年恢复初中招生以来，到 2012 年的十年间都没有江阴市的综合性体育竞赛（单项乒乓球除外），体育中考、体育教学和体育科研在中低点徘徊，这与其他学科形成了巨大反差，另一方面 2013 年我校独立建制南菁实验以来，生源的变化、上级的要求、领导的决心都促使我们要规范、要发展、要变革、要创新。可喜的是，近年来我校体育学科在体育教学、运动竞赛、教学科研、常规工作、校本课程开发等方面有诸多思考和实践，如体育球类选修课走班教学、体育中考、体育竞赛（啦啦操、乒乓球、游泳、田径）、广播操（自编室内操与自编室外啦啦操与街舞操）等活动已做成学校的特色亮点，但综合体育学科核心素养要求，这些活动稍显碎片化，在实施过程中有思维僵化的问题，所以必须以提升学生兴趣为立足点，以培养学生的思维为导向，以提升学生的学科核心素养为目标，构建完整的课程体系，利用已做有效的特色课程，开发未知的不完整的课程，建构"悦动体育"课程。

第二部分 学科课程理念

《义务教育体育与健康课程标准（2011 年版）》中指出："体育与健康课程是学校课程的重要组成部分，是以身体练习为主要手段，以学习体育与健康知识、技能和方法为主要内容,以增进学生健康,培养学生终身体育意识和能力为主要目标的课程。"本着这样的理解以及对我校实际情况的考量,我们制定了"悦动体育"课程。"悦动体育"的核心可以总结为"体验与成长",意味着学生的体育学习首先是快乐的,是从学生的感受出发的,是从学生实际情况与需要出发的,学生在体验快乐的同时,也能获得身体、心理上的成长。这种成长不仅仅是一时情绪上的改善,更多的是在对体育深入了解的同时,提升了自信心,突破了身体运动能力的瓶颈,学会与他人相处,获得团队认同感等更深层次的快乐。

一、"悦动体育"是快乐的体育

"悦动体育"有两层含义,其一:体育教学将回归体育的本源——游戏,人们发明游戏的目的就是追求快乐,体育是身体的游戏,但收获身心合一的快乐,这是体育特有的,而悦动体育就是要让学生体验这种特有的快乐,让学校体育从竞技运动中解脱出来,从追求运动成绩转向体验运动快乐。其二:悦动体育是面向全体的,体育课堂不再是少数运动佼佼者的舞台,而是面向全体学生的,只要你能参与其中,就能找到属于自己的快乐和成功感。

二、"悦动体育"是生活的体育

《义务教育体育与健康课程标准(2011年版)》中提到体育要融合部分健康行为和生活方式,逐步形成健康和安全的意识以及良好的生活方式。体育是生活内容的重要组成部分,体育生活化是形成体育生活方式的过程。"悦动体育"让体育活动变得日常化,学生除了体育课和体育活动课外,还有多个社团、体育节、体育吉尼斯等活动,活动内容丰富,活动时间充足;学校场馆除了正常的教学外,其他时间也对学生开放,使学生有场地有器材活动。"悦动体育"使学生享受体育带来的轻松愉快,让学生对体育活动有亲切感。"悦动体育"从时间、空间和情感三个方面实现体育生活化,促进学生终身体育意识的形成。

三、"悦动体育"是多样的体育

体育是多样的,但在课堂中却显得很单一,我们要充分利用体育项目、方法的多样性,实现学生选择和教学目标达成的多样性,让体育充满活力。

首先,项目多样。每种运动都具有特定的运动价值,我们要利用这一点充分吸引学生,让学生充分体验运动的不同乐趣,认识每种运动的独特价值,为今后选择适合自己的运动打下基础。

其次,方法多样。目标的达成有不同的途径,我们要从单一的训练式教学中解脱出来,多从学生的心理和实际需要出发,多利用符合学生兴趣的方法来达成目标。例如:课开始时的准备活动,以往都是千篇一律的跑步,做准备操,枯燥乏味没有新意,学生在课的一开始就失去了兴趣,假如在课开始时利用一些游戏进行准备活动,学生的兴趣一下子就被激发出来,学生们对接下来的内容就会充满期待。

最后,主体选择多样。每个学生的身体素质不同,兴趣爱好不同,教师可以根据不同学生的情况进行分组,每个小组的练习要求、难度不同,使得每个学生都能在自己的能力范围内进行体育练习。

总之,"悦动体育"是更接近体育本来模样的体育,是从学生感受出发的体育,是让学生体验快乐的体育,也是让学生在快乐中成长的体育。

第三部分　学科课程目标

"悦动体育"要让学生怀着愉悦的心情心驰神往地参加各项体育运动,提高运动能力,形成健康行为,获得体育品德,回归生活,快乐运动,健康一生。

一、学科课程总体目标

《义务教育体育与健康课程标准（2011 年版）》中的课程目标为："增强体能，掌握和应用基本的体育与健康知识和运动技能；培养积极参与运动的兴趣和爱好，形成坚持锻炼的习惯；具有良好的心理品质，表现出人际交往的能力与合作精神；提高对个人健康和群体健康的责任感，形成健康的生活方式；发扬体育精神，形成积极进取、乐观开朗的生活态度。"悦动体育课程的总目标是在国家课程标准的基础上根据我校实际情况来制订的，是对国家课程标准的具体化。悦动体育课程标准可以归纳为以下几个方面：

（一）体验运动的快乐

积极参与各项运动，了解每项运动的特点，并能体验到每项运动的快乐，懂得体育中最大的快乐是超越自我的快乐。

（二）掌握基本的知识与技能

通过广泛的学习，学生能了解各项运动的基本知识，掌握一些运动的基本技能。

（三）遵守基本的规则是共同快乐的基础

通过运动，让学生有最基本的规则意识，并能严格遵守规则，能在学习中认识到规则是保证共同快乐的基础。

（四）学会与他人相处是今后快乐的保证

学生要学会处理运动中与他人的合作与竞争关系，并能意识到这种社会化的学习对自身发展的重要性。

二、 学科课程年级目标

《课程标准》对课程目标做出了明确的设定："体育与健康课程对于实施素质教育，培养学生的爱国主义、集体主义精神，促进学生德、智、体、美全面发展具有重要的意义。通过课程的学习，学生将掌握体育与健康的基础知识、基本技能与方法，增强体能；学会学习和锻炼，发展体育与健康实践和创新能力；体验运动的乐趣和成功，养成体育锻炼的习惯；发展良好的心理品质、合作与交往能力；提高自觉维护健康的意识，基本形成健康的生活方式和积极进取、乐观开朗的人生态度。"

《义务教育体育与健康课程标准（2011 年版）》将体育课程分为运动参与、运动技能、身体健康、心理健康"四个学习方面。

基于此，我们制定"悦动体育"课程目标如下：（见表 4-1）

表 4-1 悦动体育课程目标

	运动参与	运动技能	卫生健康	心理健康
七年级上	1. 了解体育与身体的关系 2. 自觉、积极参加体育运动	1. 能做简单的跑、跳、投的动作和球类动作 2. 了解基本的运动常识，如"极点"、"负荷"等	1. 了解青春期身体发展的知识 2. 形成安全锻炼的意识	1. 知道遵守纪律的必要性 2. 了解体育课堂教学和体育活动之间的关系
七年级下	1. 对自身情况有清晰的认识，并能为自己挑选适合的运动 2. 养成坚持运动的习惯	1. 能做较复杂的跑、跳、投动作和球类动作 2. 能说出常用的动作专用术语	1. 了解体育运动对身体健康的影响 2. 了解有效运动的相关知识	1. 能很好地遵守体育课堂纪律 2. 在运动中有不怕困难的表现
八年级上	1. 能体验到不同运动中的乐趣 2. 体验到突破自我是体育真正的乐趣	了解一些基本的体育动作原理，如"补偿运动""超越器械"等等。并能在运动中不断实践	了解健康的生活习惯对身体的影响	1. 了解体育规则的重要性，并能在实际中遵守规则 2. 能正确处理和同学的竞争关系

		运动参与	运动技能	卫生健康	心理健康
八年级下		1. 能找到适合自己的运动形式，并坚持锻炼 2. 找到和自己志同道合的同伴并一起练习	1. 对自己喜爱的运动有深入的了解，能较熟练地运用技术动作 2. 能在自己熟练的项目上达到对同伴进行简单指导的水平	了解运动安全的知识，能进行一些简单的创伤处理	1. 有一定的集体荣誉感以及团队配合精神 2. 能正确处理在体育运动中的挫败
九年级上		1. 运动具有明确的目的性 2. 能利用体育运动来调节心态	1. 能有意识地加强自己薄弱环节的锻炼 2. 能自己制定相应的运动计划并进行实施	对自己的身体素质有全面的了解，并能找到方法进行改进	在运动中培养坚决果断的决策能力
九年级下		形成积极的体育态度，并能扩展到生活中去	能掌握一到两项运动技术，并能在比赛中很好地运用	养成良好的运动、生活习惯	能将体育运动中表现的良好品质也运用到学习、生活中去

第四部分 学科课程体系

"悦动体育"是要让学生怀着愉悦的心情、心驰神往地参加各项体育运动，在这个核心素养下制定了：增强体能；培养兴趣和爱好，养成坚持锻炼的习惯；培养良好的人际交往能力和心理品质；提高学生对自身健康的责任感；积极进取，乐观开朗这五个目标，根据这五个目标制定了一系列的课程内容。

一、"悦动体育"课程结构

"悦动体育"课程内容以国家体育课程标准为依据，根据学校的具体情况可以细分为四个部分。

如图 4-1 所示，悦动体育的课程结构是一个有机的整体，以运动教学为载体，充分挖掘体育中文化、心理、卫生等多方面的功能，几个因素相互联系，相互促进，实现学生全方面的发展。悦动体育课程结构的具体诠释如下：

图 4-1　"悦动体育"课程内容

1. 运动参与。学生了解体育运动对身体、心理发展的意义，在实际的体育教学中领略多种体育运动的乐趣，能积极参与到体育课堂教学中以及课外、生活中去。

2. 运动技能。掌握一定的运动技术基本知识，了解运动技术中蕴含的运动原理，进而初步掌握一到两项运动技术。

3. 卫生保健。了解运动中身体所发生的生理变化，掌握有效发展身体健康的生理知识。养成安全运动、健康生活的习惯。掌握一些基本运动损伤的处理办法。

4. 心理健康。在不同的运动比赛中学会调整自己的心态，学会正确地面对困难、面对压力，学会与人相处。

总之，"悦动体育"以体育运动教学为载体，以体验运动快乐为动力，帮助学生在身体心理两方面都获得成长。

二、"悦动体育"课程设置

我校"悦动体育"课程设置覆盖七年级到九年级。七年级以培养兴趣为主，让学生从兴趣出发喜欢上体育运动，八年级以培养运动能力为主，九年级以提高运动能力、提高身体素质为主。具体课程设置如下（见表 4-2）

表4-2 "悦动体育"各年级课程设置表

课程内容				
	运动参与	运动技能	卫生保健	心理健康
七年级上	民间体育项目： 1. 丢沙包 2. 推铁环	1. 50 米 2. 跳高 3. 广播操 4. 双杠 5. 武术 6. 传统体育 7. 球类走班教学	悦动讲堂 1. 人与运动 2. 体育与身体形态	班级羽毛球比赛
七年级下	民间体育项目： 花式踢毽	1. 800/1 000 米 2. 实心球 3. 单杠 4. 支撑跳跃 5. 球类走班教学	悦动讲堂 1. 体育与技能发展 2. 发展你的体能	班级乒乓球比赛
八年级上	民间体育项目： 花式跳绳	1. 短跑 2. 跳远 3. 基本体操 4. 支撑跳跃 5. 武术 6. 传统体育 7. 球类选项教学	悦动讲堂 1. 身体形态和体能发展 2. 积极自觉地参加体育锻炼	班级篮球赛
八年级下	拓展锻炼项目： 校园定向	1. 耐久跑 2. 实心球 3. 双杠 4. 技巧 5. 球类选项教学	悦动讲堂 1. 如何科学地锻炼身体 2. 运动负荷的自我检测	班级足球赛
九年级上	拓展锻炼项目： 公园定向	1. 耐久跑 2. 跳跃能力 3. 单杠 4. 武术 5. 传统体育	心理健康和身体健康的关系	班级排球赛
九年级下	民间体育项目： 毽球	1. 耐久跑 2. 实心球 3. 双杠	培养坚强的意志品质	班级跳绳比赛

第五部分　学科课程实施与评价

在悦动体育课程的实施中，我们遵循一个原则——"悦""动"结合，就是热爱体育，快乐地参加体育运动，并且在体育运动中感受生命的快乐、生活的快乐。从学生实际需要出发是我们实施课程的起点，实施的具体方法是课内课外相结合，基础与兴趣相促进。

一、 按照"1+ X"的路径，构建悦动体育课程群

本着悦动课程实施的原则，我们的具体建设路径就是构建悦动体育"1＋X"课程群，课程群中"1"从理论上来讲就是国家体育课程标准，"X"是校本体育课程；从操作方式来讲"1"就是体育课堂教学内容，"X"就是课堂外的体育延伸。悦动体育课程秉承这一理念，着力打造有特色的校本课程。

二、 建构"悦动课堂"，落实学科基础课程

"悦动课堂"是在实施国家课程、地方课程的前提下，通过对本校学生的需求进行科学分析，充分利用本地课程资源，进行课堂教学整合，提升课堂教学实效的课堂。每个学生都是鲜活的充满个性的生命体，他们在体育方面的特长、兴趣、爱好不尽相同，因此课程设计既要全面落实国家课程标准的要求，又要满足学生的个性化需要。结合我校体育教师构成情况，我们把悦动体育课设计成基础课程＋选修的模式，通俗来说也就是2＋1的模式，每周两课时为基础课程，一课时选修，主要是球类选修，包括篮球、足球、乒乓球、羽毛球、排球，初一年级是普选，即每个项目轮换学习，初二和初三变成专项学习。初一以培养学生兴趣为主，而初二和初三则是以提高学生运动水平为主。这种模式经过实践证明是可以做到点面结合的。

三、 贯彻"悦动课堂"教学理念，打造特色教学

　　根据悦动体育课程的理念,悦动体育教学的切入点是快乐地进行运动,目的是实现体育特有的教育价值。悦动体育的课堂不会再被训练式体育教学所主导,我们更注重学生在体育教学中的自主学习状态,注重学生的情感和体验。悦动体育教学方式有以下几个特点。

　　1. 分组学习,强化合作。现代学生独生子女多,要让独生子女从"独处"的环境中解放出来,合作学习就显得尤为重要。我们的课堂教学就要有针对性地调整体育教学内容,提高集体项目的比重。在体育教学中采用分组练习的方式,使学生共同活动,以最大程度地促进全体学生的练习。同时,体育训练中有很多项目本身就是集体项目,不合作是无法完成。我们将学生之间的互助合作、相互作用视为教学活动推进的动力源泉,强调小组练习既要有竞争,更要讲合作。

　　2. 追求"三化",寓教于乐。体育训练其实是很辛苦的,甚至是枯燥的。如何让学生热爱体育,全身心投入到体育训练之中,我们想到了"三化"教学策略,即活动设计要儿童化、兴趣化和游戏化,力求立足学生的实际组织体育教学,防止体育教学的"成人化","单纯技术化"。在评价时不单纯以技术掌握程度来评定教学的好坏,而以是否有利于增强学生的体质为评判的标准。同时,教学手段要多样化,才能提高学生的兴趣,推迟疲劳的出现。体育课的教学过程中,学生往往由于较长时间练习某一个动作而感到枯燥,教师可采用游戏法和比赛法激发学生的兴趣,活跃课堂气氛。此外,还应做到讲解生动形象和动作示范准确,教学方法力求多样化、兴趣化,以充分调动学生学习的积极性,使体育课上得生动活泼。

　　3. 因材施教,循序渐进。因材施教,是把培养自由发展的人作为重点,强调个性的充分解放,尊重学生的个体差异,享受这种差异给教育者带来的挑战。学生受先天身体素质及对技能技术掌握程度等因素的影响,在体育课中个体差异很大,如果搞"一锅端"、"一刀切",学生会出现两种极端情况——"吃不饱"和"吃不了",不能顺利地完成教学任务。在体育教学中,按学生水平的大致差异分几个层次,因人而异

地制定学习目标，对不同层次的学生提出各自不同的要求和教学方法，充分发挥和挖掘学生的个性潜能，使得不同层次的学生都得到最优的发展，达到全面提高学生身体素质的目标。循序渐进的教学原则是依据学生认识事物的规律、动作技能形成的规律，人体机能适应性与生理机能变化的规律，以及体育学科知识体系的内在逻辑序列提出的，在体育教学中，要遵循由易到难，由未知到已知逐步发展、不断加深的要求。

四、"悦动课堂"评价标准

悦动体育课堂教学评价不再单纯以运动成绩为主要标准，因为运动成绩优秀的学生只是少数，学习评价更多的是体现一种甄别功能。悦动体育的核心是体验与成长，更多的是注重学生对自我的评判，是为了帮助学生认识自我，建立自信。因此，悦动体育评价的原则是：

首先，了解学生的学习情况与表现，以及达到学习目标的程度。不仅仅要了解学生的体能与运动技能，更要了解学生在学习活动中的行为表现，以及个人的努力程度。

其次，为学生提供展示自己的能力、水平、个性的机会。通过学习评价，让学生充分展示自己体育学习方面的长处。体验体育活动中成功的乐趣与喜悦，增强自信心。

最后，培养学生自我认识、自我教育的能力。学生对自己的体能、技能、态度等方面有一个清醒的认识，全面了解自己。

在具体的实施过程中我们把评价分为以下几类：

1. 即时评价

对学生课堂表现进行及时的评价，这种评价分为自我评价、学生间的互评和教师对学生的评价(见表4－3)

表 4‒3　课堂评价表

姓名_____　　班级_____　　评分_____

项目评价	出勤情况（5分）	课堂表现（15分）			
		学习态度（5分）	合作精神（3分）	情意表现（2分）	回答问题（5分）
标准	以每节课教师或体育委员的考勤为准。	积极主动地参与练习。	具有集体荣誉感，互相帮助，互相尊重，有良好的合作精神和体育道德。	在课堂上表现出自信心和意志力，会动脑、会学习，有创新精神。	课堂上积极踊跃地发言，认真、准确，每次得1分。
自评					
互评					
师评					
总评					

2. 单元评价

每个单元结束后学生对本单元学习的情况进行各方面的自我评价（见表 4‒4）

表 4‒4　学生单元评价表

班级_____　　姓名_____

评价内容	学习表现		状态水平描述		
			自评	组评	师评
体能与运动技能	能较好地掌握所学的动作	能			
		一般			
		还需努力			
学习态度与行为	主动学习并乐于展示	积极			
		一般			
		还需努力			
认识与知识	知道基本的锻炼常识	会			
		不熟			
		还需努力			

评价内容	学习表现		状态水平描述		
			自评	组评	师评
交往与合作精神	在活动中与同学有良好的人际关系	好			
		一般			
		还需努力			
情意表现	在活动中有克服困难与挫折的意识	很好			
		一般			
		还需努力			
综合评价等第					

3. 阶段评价

每个学期对学生基础知识的掌握、课堂考勤表现、运动技能和运动能力进行评价，主要依据中学生体育锻炼评价标准(见表4-5)

表4-5　悦动体育考核记载表

序号	姓名	性别	基础知识(20分)	出勤表现(10分)	考核内容(70分)								成绩			
					成绩	得分	成绩	得分	成绩	得分	成绩	得分	第一学期	第二学期	学年成绩	等第

五、"悦动体育"学科课程群的评价要求

对于"悦动体育"学科课程群的评价总体分为教师评价与学生评价两个方面。教师评价主要对学科课程设置与实施过程进行评价,(具体评价要求见表4-6,学生评价见表4-7)提供及时的反馈意见,把它与教师评价结合在一起,对整体课程进行调整,确保课程有效进行。

表4-6 "悦动体育"课程实施评价表

项目	内容	具 体 指 标	分值	评分	备注
课程方案评价40分	课程开发的意义(10)	1. 校本课程是与国家课程、地方课程紧密联系的,是对二者的补充,能够彰显学校特色。	5		
		2. 校本课程促进学生的个性发展,提高学生的身体、心理、体育道德和体育文化等各方面素质。	5		
	目标定位(15)	1. 目标清晰,符合初中学生体育发展要求,三个年级目标定位准确。	10		
		2. 体育知识、技能、心理和情感目标齐全。	5		
	课程内容(10)	1. 教材框架清晰,三个年级教学内容是否统筹安排,具有衔接性。	5		
		2. 教材内容是否兼顾学校实际与学生具体要求,兼顾实效性和趣味性。	5		
	评价(5)	1. 评价可操作性强、方法科学、具有激励性和制约性。	5		
校本课程实施过程评价60分	指导思想(10)	1. 学生为主体,教师为主导,注重体育教学过程的生成性。	3		
		2. 深刻理解体育课程标准,并落实到校本课程的实施中。	3		
		3. 贯彻"悦动体育"教学思想,从乐学开始,到获得体育中真正的快乐。	4		
	教学过程(30)	1. 制定教学计划、安排好教学进度。	2		

项目	内容	具 体 指 标	分值	评分	备注
		2. 能深入钻研教材,根据学生的实际,设计内容开放、容量适量、层次分明、有针对性的教案。	5		
		3. 针对各年级学生特点,能灵活运用多种教学方法,教学重点和难点的处理有新意且效果好。	6		
		4. 学生练习密度和强度合适。	6		
		5. 能面向全体学生,因材施教,关注学生个体差异,实现共同发展。	6		
		6. 教学手段多样化,充分利用场地器材。	5		
	实施成果(20)	1. 能激发并维持学生对该课程的兴趣,学生评价良好。	7		
		2. 能及时收集、整理学生学习的过程性资料。	8		
		3. 学生能利用所学体育知识,课程延伸性良好。	5		
说明	等级分数	优秀:90 分以上;良好:80—89 分;合格:60—79 分;不合格 60 分以下。	100		

表 4-7　学生课程评价表

年级　　　　姓名　　　　班级

	赞成	不赞成	反对
对"2＋1"的课程安排形式我很满意			
体育课的内容安排很合理,我很感兴趣			
我知道了很多的体育知识			
在体育课上我得到了充分的锻炼			
老师的教学方式很有趣,能吸引我去参加练习			
在体育课上我和同学有充分的交流			
我觉得我对体育更感兴趣了			
我觉得自己身体素质有改进了			
当我情绪不好时,会选择体育活动进行纾解			
在课外我能利用学到的体育知识进行继续锻炼			

六、 建设"悦动拓展课程"，丰富体育学科内涵

（一）开发传统项目，引入新兴项目

我校"悦动拓展课程"最大的特色是引入传统体育项目以及新兴运动项目，让学生感受我国传统文化的魅力，增加学生多种体育运动的体验。体育课外的延伸主要是对学校整体体育氛围的打造，包括运动团队的建设以及各种体育文化节的开展。

我国传统体育文化源远流长，独具特色，因此，我们选择了一些适合学生练习以及趣味性强的项目，比如，抖空竹、踢毽子、滚铁环等等，实践证明，学生对这些传统体育项目非常喜欢且练习兴趣很高。对于新兴的体育项目，我们增加了定向越野、登山等非常受学生欢迎的项目。为了开展这些运动，我们充分利用了校内校外的资源，如空竹项目就是利用本校有此特长的老师来进行教学，定向越野就是邀请校外专业人士来校讲学。所有的这些努力都是为了丰富悦动体育课程，并把他们作为校本课程进行建设。

（二）创设"悦动社团"，发展学生的体育兴趣

根据学校场地与体育教师的组成，进行相应的运动队伍建设，对一些有运动特长与爱好的学生进行更深入的指导。目前我校成立了银球飞旋、舞影绚烂、灌篮社、网球社、足球之嚯、跆拳道等团体，对表现突出的社团及个人颁发奖学金进行奖励，不断提高学生的运动水平，培养学生良好的健康行为，使学生获得优良体育品质，今后将充分利用校外资源，成立更多的运动团队。

1. "悦动社团"的主要类型

"悦动社团"的类型从运动水平上分为普及型和提高型两种，在初一阶段学生可以根据自身兴趣爱好，选择相应的运动社团，主要有篮球、足球、乒乓球、羽毛球、网球、跆拳道、武术、健美操这几个社团，半个学期进行一次轮换，目的是使学生充分接触各种运动并学习各项运动的基本知识和基本技术。初二和初三学生选择并固定一个运动社团，进行提高型的练习，目的是提高运动的专项技能，为学校的体育竞赛做储备，如学校乒乓球队、啦啦操队都是从社团中挑选队员参加比赛，都获得了不俗的成绩。从

社团开发的资源来划分可以分为校内资源与校外资源,校内资源主要利用现有体育教师和有特长的其他教师,如篮球、足球等等,校外资源包括聘请专门教师,如跆拳道、网球社团会请校外的专业教师来校教学。总之做到社团类型和开发途径多样化。

2."悦动社团"评价要求

"悦动社团"的评价主要从社团建设和社团成绩两方面进行评价。社团建设注重社团规章制度的建立与遵守、训练内容的完成度与训练效果的好坏等方面,具体评价见表。每学期对社团建设情况进行汇总,评选出优秀社团。社团成绩主要体现在运动队的成绩,按照运动队参加比赛的级别以及取得的相应成绩进行评价,对成绩优异的运动社团进行物质、名誉等方面的奖励。具体评价见表4-8。

表4-8　"悦动体育"社团评分表

社团名称					
社团负责人			活动名称		
活动时间			活动地点		
应到人数			实到人数		
事项	得分	备注	事项	得分	备注
出席率			活动纪律		
现场布置			练习内容完成度		
活动规范			练习状态		
现场秩序			练习效果		
总分					
意见					

(三) 推动"悦动大课间",浓郁学校的体育学习氛围

为了丰富大课间活动,我校师生在《中学生广播体操》的基础上自编啦啦操《向着快乐出发》和第一套《室内操》,同时进行武术操、街舞的编排,使学生的大课间活动能

101

更加的丰富多彩。为了营造校园体育氛围,我校利用课外活动时间进行球类和绳类活动项目的安排,呈现出班班有器材,人人参与活动的场面。

　　1."悦动大课间"的活动安排(见表4-9)

表4-9　大课间活动内容安排

	第5周	第6周	第7周	第8周	第9周
初一(1)	篮球	排球	跳绳	长绳	羽毛球
初一(2)	排球	跳绳	长绳	羽毛球	篮球
初二(1)	篮球	排球	跳绳	长绳	乒乓球
初二(2)	排球	跳绳	长绳	乒乓球	篮球

　　2."悦动大课间"的评价要求(见表4-10)

表4-10　"悦动大课间"评价表

内容	标准	评分办法
下课集合(10分) 5分钟	准时到指定位置,队伍整齐且安静无声	1. 未到指定位置扣10分 2. 到指定位置以后,有人讲话,每人次扣1分
进场做操(20分)	队列整齐,动作到位,有力度,节拍一致	1. 队列不整齐扣2分 2. 有同学不会做或不规范的,每人次扣1分 3. 无精打采、没有力度的,每人次扣1分
回教室(10分)	精神饱满、排面整齐,步伐一致,摆臂有力	1. 排面不整齐的扣2分 2. 有人讲话扣1分 3. 队伍松散扣3分
教师参与(10分)	按照大课间活动安排表,准时积极参与大课间活动	1. 每少一人扣1分 2. 教师没有跟学生活动扣2分
学生出勤(10分)	要求全员参与	每少一人扣一分,特殊情况除外

（四）举办"悦动体育节"，浓郁体育运动氛围

体育节除传统意义上的田径比赛以外，增加了学生喜爱的篮球投篮比赛、集体跳绳、推铁环、保龄球、飞标等趣味体育项目，学生可以体验不同运动的魅力。

1. "悦动体育节"的课程设计

"悦动体育节"的课程设计由两个部分组成，一是学校的体育运动会，主要是田径运动的各项赛事。二是利用课外活动时间进行各种趣味运动、团体运动与球类运动的比赛。体育教师根据各个年级体育课外活动的时间进行统筹安排，制定赛事规则和比赛时间，统计比赛成绩。"悦动体育节"课程的设计主要体现了全员参与的特点，能让学生充分感受到学校体育的氛围，并积极参与到其中来，增强团队意识。

2. "悦动体育节"的课程评价

"悦动体育节"的评价主要由两方面组成，一是参加班级的运动成绩，另一部分是参加班级与个人的精神状态与体育运动道德的遵守情况，主要内容包括赛场纪律、尊重裁判、遵守规则、文明观赛、卫生情况这几个方面的评比，并把这一部分也记录到体育节的总成绩之中，让学生理解运动是社会活动的一个方面，不能只注重运动成绩，而应该在其中学习到更多的社会规则和如何遵守社会规范。（具体见表4-11、4-12、4-13）

表4-11 悦动体育节田径类项目总分表

班级	性别	入场式得分	4×100 m	跳远	100 m	200 m	400 m	800 m 1 000 m	实心球	跳高	得分	班级总分
	男											
	女											

表4-12 悦动体育节校本课程比赛总分表

班级	性别	校园定向	花式跳绳	花式踢毽	跳长绳	篮球投篮	足球射门	排球垫球	得分	班级总分
	男									
	女									

表4‑13　道德风尚评分表

班级	遵守运动员守则	遵守赛场纪律	尊重裁判	遵守社会公德	遵守竞赛规程	文明观赛	卫生情况	得分

第六部分　学科课程管理

一、思想引领

《义务教育体育与健康课程标准(2011年版)》中的课程目标采用了目标达成体系来进行叙述，与以往无所不包的体育教学大纲相比，具有鲜明的特点。以往的体育教学重点在于执行，因为体育大纲已经规定了全国统一的体育教学理念——譬如是体质教学为主还是运动技术教学为主，此外，内容与编排形式统一，甚至每节课都有简单的教案。而新的课程标准是以目标达成为主，至于采用怎样的手段达成目标可以自己决定，给予学校和教师更大的空间和自由度。但这样做也带来了一个严重的问题，就是体育教师在实际教学中会有种"踏空"的感觉，从一切有法可依到突然什么都自己决定需要一个很长的过程。所以，每个学校都应该根据体育课程标准的指导，制定符合本校特点的体育教学体系，其中包括：契合实际的教学理念、针对不同年级的教学内容、符合学生身心特点的教学手段以及改革体育教学的评价，也就是对体育课程标准进行"实体化"的改造。本着这样的理解以及对我校实际情况的考量，我们制定了"悦动体育"课程。

课程总结为"体验与成长"，体育来源于游戏，其本源是人们对快乐的追求。学校体育不同于竞技体育，它的目的不是争出最后的胜负，而是要体验不同的运动方式带给自身的快乐，这种快乐有生理上的，如通过练习可以熟练运用自己的肢体进行各种运动,也有心理上的,如掌握一些自己原本不会的动作的成功感以及与人交往带来的愉悦感。这些内容在以往的体育教学中都被忽视了,导致学生喜欢体育而不喜欢体育课。针对这种情况而提出的"悦动体育"的理念,以及围绕这一理念而构建的体育课程,将大大改善这种情况。我们把"悦"放在首位,意味着学生的体育学习首先是快乐的,是从学生的感受出发的,是从学生实际情况与需要出发的。这种快乐体现在:1. 课程的整体设计。增加学生喜爱的运动项目,如球类项目,并增加这些项目的学习时间。扩展原有的项目,如跑的练习,可以增加负重跑、多人合作跑等,不再将重点集中于提高学生的速度上,而是增加学生对多种跑的体验上。扩充教学的外延,使教学不仅存在于课堂,组织各种体育社团,利用课外的时间进行体育的小型竞赛等。2. 教学过程的改变。以体验为主的教学可以增加学生的选择性,用形式多样的练习吸引学生,各种新颖的练习可以引入课堂,学生可以根据自身能力选择练习的形式与难度。3. 体育教学评价的改变。不再仅仅注重外在的运动成绩,更注重学生自身的进步,引导学生与自己相比将更有意义。兴趣是最好的老师,学习中获得快乐是最好的推进器,学生在体验快乐的同时,也能获得身体、心理上的成长。

二、 团队建设

我们以"健康、协作、责任、成功"为理念,关注教师学科专业成长,全方位提升教师的专业素养:教学功底、技术技能、理论修养、人文内涵。以新课程理念为指导,立足体育学科教学基本要求和新课程标准进行课程建设。关注学生阶段发展,优化学力教程,提高教学实效性,推动学生更快发展。在体育学程、学案建设背景下,发展以"激发兴趣、养成习惯、学生主动、师生互动、身心愉悦、教学相长"为目标的教师团队,完善制度建设、加强常规管理、开展各项竞赛、倡导合作竞争,打造学习型、规范型、创新型体育一流团队和个人名片。

首先,我们通过调研,明确每位教师的自身情况和预期发展目标,推动部分教师在课堂教学和个人专业发展上能够加快步伐,缩短成长周期,努力探索,形成自己独特的教学风格和专业建树。其次,完善体育教研组的制度建设,从机制上保障教学规范、教学效果的不断提升,也从制度上督促和强化教师的专业发展。再次,根据教师与教研组的教学现状,依据教师个人专业发展进行教研组研修建设规划,实现教研组研修建设与教师个人专业发展相互成就、相互依存。

三、 评价导航

1. 客观性评价

客观性评价包括对学生课堂出勤、基础知识的掌握、体能和技能几个方面的评价。出勤情况由体育委员进行统计,并在学期末汇总,基础知识的掌握情况以笔试的形式进行,体能和技能方面参照《国家体育锻炼标准》进行打分。

2. 主观性评价

主观性评价分为定期评价和不定期评价。定期评价由学校统一在学期结束前以调查问卷形式进行,这样的调查形式比较客观。不定期的评价只要是在教师了解学生情况的时候就可以进行,可以通过语言提问形式,也可以通过调查问卷形式,可以在课内,也可以在课外,还可以在技能学习过程中。在这种评价方式下,教师可以对学生学习内容的掌握情况、学习时的心理变化情况较快地了解,并及时采取相应的干预措施。

3. 成长档案评价

在以上两种评价方式的数据支撑下,建立学生成长档案。

首先,在学生成长档案的建立中,改变只关注学生学业成绩的单一总结性评价方式,充分、全面地了解学生,帮助学生认识自我、建立自信,关注个别差异,了解学生发展中的需求。

其次,学生成长档案的建立主要是以激励为核心,激发学生积极参与的兴趣,引导学生在原有基础上进一步提高。

再次,在学生成长档案的建立中,要促进学生的自我评价,使学生的自我评价上升到一个更高的水平,使学生的自我教育成为可能。

总之,学生成长档案记录着学生成长的足迹,既让学生通过对比看到自己的进步,获得成功的体验,又是教师对学生进行全面评价的参考。

四、 体育设施保障

根据悦动体育课程的需要，每个学期对学校进行两次大型设备以及场馆的检查和维修，每学期初根据课程的需要进行体育器材的添置，易耗器材的添加，以上的各项内容认真执行，学校的项目申报和审批制度，在学校统一规划和安排下进行。

（周彬　丁一　夏敏鹤）

第五章

艺韵园课程： 看见艺术的力量

　　艺韵园课程包含音乐、美术、综合艺术等课程。艺术美存在于一切种类、样式的艺术作品中，如雕塑、绘画、音乐、舞蹈、戏剧、电影等，其功能在于陶冶性情、娱乐身心、净化灵魂，发展个性特长，提高综合素养。

┃ 音乐课程 ┃
人类精神世界的旋律之美

　　江苏省南菁高级中学实验学校音乐组目前有专职教师三人，均为中学一级、本科及以上学历，且均为江阴市音协会员，其中一人为江阴市音乐学科中心组成员。三人曾在江阴市青年教师基本功大赛、江阴市青年教师才艺大比武、江阴市中学课堂教学大比武等各类比赛中多次获得一等奖。现根据教育部《关于深化课程改革落实立德树人根本任务的意见》《关于全面加强和改进学校美育工作的意见》以及《义务教育音乐课程标准（2011 版）》的要求，在我校课程改革方案的基础上，推进我校音乐学科课程建设。

第一部分　学科课程背景

一、 核心素养培育的需要

　　2014 年 4 月 24 日，教育部印发《关于全面深化课程改革落实立德树人根本任务的意见》，提出教育部将组织研究，提出各学段学生发展核心素养体系，明确学生应具备的适应终身发展需要的必备品格和关键能力。

　　2016 年 9 月，教育部又颁布了《中国学生发展核心素养》的框架体系。当前学校教育目标指向学生发展核心素养，对学生的知识、能力、态度、品格等方面提出新的要求。音乐学科的核心素养主要包括四个方面：听辩、唱读、视奏、欣赏；听辩——能听辩各种节奏及标准乐音；唱读——能拿到乐谱即可视唱；视奏——能拿谱即可视奏；欣赏——能欣赏、理解或表现音乐内涵。音乐核心素养是学生在进行音乐学习的过程中所培养的综合能力，不仅包括音乐知识技能，同时也要培养学生的价值观念。

二、 加强美育的需要

所谓美育就是审美教育，亦即美感教育。它遵循美学原理，根据教育学的客观规律，研究怎样培养人们对于自然美、社会美、形式美和艺术美的感受、鉴赏、创造的能力，以及怎样培养人们具有健康的审美情感和审美情趣。

2015 年 9 月 15 日，国务院办公厅印发《关于全面加强和改进学校美育工作的意见》。《意见》明确了当前和今后一个时期加强和改进学校美育工作的指导思想、基本原则、总体目标和政策措施，提出到 2020 年，初步形成大中小幼美育相互衔接、课堂教学和课外活动相互结合、普及教育与专业教育相互促进、学校美育和社会家庭美育相互联系的具有中国特色的现代化美育体系。

从一定意义上说，人类的一切审美创造、一切艺术形式都离不开音乐。这是因为一切审美创造、各种艺术形式都要讲求节奏、韵律与和谐，而节奏、韵律、和谐又正是音乐最为突出、鲜明的特质。正是因为音乐在人类的审美历程中具有这种原型意义，所以古往今来人们始终把音乐视为美育的主要手段与内容。

长期以来，江苏省南菁高级中学实验学校依托南菁百年名校的底蕴，努力遵循教育教学规律和学生成长规律，重视学生初中在校学习的三年，着眼学生人生后续发展的三十年，坚持"向着美的方向奔跑"的办学理念和"在美的体验中自主成长"的课程理念，创设丰富的校本课程，为学生提供锻炼、展示、发展、享受的机会，帮助南菁实验的每一个学生获得成功。

第二部分　学科课程理念

《义务教育音乐课程标准（2011 版）》明确指出音乐课程的学科性质为人文性、审美性和实践性。强调"音乐是文化的重要组成部分，是人类宝贵的精神文化遗产和智慧结晶"，要"通过音乐教育培养和提高学生感受美、表现美、鉴赏美、创造美的能力，陶冶情操，发展个性，启迪智慧，丰富和发展形象思维，激发创新意识和创造能力，全面提升学生的素质。"并提出音乐课程基本理念是"以音乐审美为核心，以兴趣爱好为动力"，"强调音乐实践，鼓励音乐创造"，"突出音乐特点，关注学科综合"，"弘扬民族音乐，理解音乐文化多样性"和"面向全体学生，注重个性发展"。

基于上述课程标准中的理念，结合我校"向着美的方向奔跑"的办学理念和"在美的体验中自主成长"的课程理念，我们音乐组确立了"以学生发展为根本，以基础课程为核心，以拓展课程为突破，以能力培养为导向"的课程设计思路，构建我校音乐学科课程理念——"唯美音乐"。

"唯美音乐"以音乐的四大核心素养为支柱，贯穿于音乐教学的全过程，在潜移默化中培育学生美好的情操、健全的人格。把对音乐基础知识和基本技能的学习有机地渗透在音乐艺术的审美体验之中。"唯美音乐"注重师生共同体验、发现、创造、表现和享受音乐美的教学过程。在教学中，强调音乐的情感体验，根据音乐艺术的核心素养表现特征，引导学生对音乐表现形式和情感内涵进行整体把握，领会音乐要素在音乐表现中的作用。

一、"唯美音乐"是兴趣盎然的音乐

兴趣是学习音乐的基本动力，是学生与音乐保持密切联系，享受音乐、用音乐美化人生的前提。"唯美音乐"充分发挥音乐艺术特有的魅力，在不同的教学阶段，根据学生身心发展规律和审美心理特征，加强音乐课与社会生活的联系，以丰富多彩的教学内容和生动活泼的教学形式，激发和培养学生的学习兴趣。

二、"唯美音乐"是面向全体的音乐

义务教育阶段音乐课的任务，不是为了培养音乐的专门人才，而应面向全体学生，使每一个学生的音乐潜能得到开发并使他们从中受益。"唯美音乐"校本课程牢记义务教育阶段教学使命，面向全体，因材施教，各尽所长，让每一个学生都有权利以自己独特的方式学习音乐，享受音乐的乐趣，参与各种音乐活动，表达个人的情智。在注重全体学生的普遍参与的前提下结合发展不同个性，点面结合，创造生动活泼、灵活多样的教学形式，促进学生更好更快地发展。

三、"唯美音乐"是扎根实践的音乐

实践是检验真理的唯一标准，学习音乐的过程就是音乐艺术的实践过程。所有的音乐教学领域都应重视学生的艺术实践，积极引导学生参与各项音乐活动，并将其作为学生走进音乐、获得音乐审美体验的基本途径。"唯美音乐"通过引导学生不断地进行音乐艺术实践，增强学生音乐表现的自信心，培养良好的合作意识和团队精神。

四、"唯美音乐"是综合多元的音乐

音乐不是单一的，它是不同领域之间综合的产物，如音乐与舞蹈、戏剧、影视、美术等姊妹艺术的综合，音乐与艺术之外的其他学科的综合等等。在实施中，"唯美音乐"以音乐为教学主线，通过具体的音乐材料构建起与其他艺术门类及其他学科的联系。

"唯美音乐"强调弘扬民族音乐，通过学习民族音乐，使学生了解和热爱祖国的音乐文化，增强民族意识和爱国主义情操，同时，以开阔的视野，学习、理解和尊重世界其他国家和民族的音乐文化，通过音乐教学使学生树立平等的多元文化价值观，以利于我们共享人类文明的一切优秀成果。

第三部分　学科课程目标

音乐学科核心素养主要包括听辩、唱读、视奏、欣赏。"唯美音乐"在音乐课程建设过程中，以学科核心素养为导向，结合学校育人理念，通过有效的资源整合，制定学科课程目标。

一、 学科课程总体目标

音乐课程目标以音乐课程核心素养价值的实现为依据。《义务教育音乐课程标准（2011 版）》指出："学生通过音乐课程学习和参与丰富多样的艺术实践活动，探究、发现、领略音乐的艺术魅力，培养学生对音乐的持久兴趣，涵养美感，和谐身心，陶冶情操，健全人格。学习并掌握必要的音乐基础知识和基本技能，拓展文化视野，发展音乐听觉与欣赏能力、表现能力和创造能力，形成基本的音乐素养。丰富情感体验，培养良好的审美情趣和积极乐观的生活态度，促进身心的健康发展。通过教学及各种生动的音乐实践活动，培养学生爱好音乐的情趣，发展音乐感受与鉴赏能力、表现能力和创造能力，提高音乐文化素养，丰富情感体验，陶冶高尚情操。"

（一）情感态度与价值观

1. 丰富情感体验，培养对生活的积极乐观态度。音乐学习可以丰富学生的情感体验，使其情感世界受到感染和熏陶，建立起对人类、对自然、对一切美好事物的关爱之情，进而养成对生活的积极乐观态度和对美好未来的向往与追求。

2. 培养音乐兴趣，树立终身学习的愿望。通过各种有效的途径和方式引导学生走进音乐，在亲身参与音乐活动的过程中喜爱音乐，掌握音乐基本知识和初步技能，逐步养成鉴赏音乐的良好习惯，为终身爱好音乐奠定基础。

3. 提高音乐审美能力，陶冶高尚情操。通过对音乐作品情绪、格调、思想倾向、人文内涵的感受和理解，培养学生欣赏音乐的能力，养成健康向上的审美情趣，使其在真善美的音乐艺术世界里受到高尚情操的陶冶。

4. 培养爱国主义情感，增强集体主义精神。通过音乐作品中所表现的对祖国山河、人民、历史、文化和社会发展的赞美和歌颂，培养学生的爱国主义情感；在音乐实践活动中，培养学生良好的行为习惯和宽容理解、互相尊重、共同合作的意识和集体主义精神。

5. 尊重艺术，理解世界文化的多样性。尊重艺术家的创造劳动，尊重艺术作品，养成良好的音乐艺术欣赏的习惯。通过系统地学习母语音乐文化和不同民族、不同国家、不同时代的作品,感知音乐中的民族风格和情感,了解不同民族的音乐传统,热爱中华民族音乐文化,学习世界其他民族的音乐,理解音乐文化的多样性。

(二) 过程与方法

1. 体验。倡导完整而充分地聆听音乐作品,使学生在音乐审美过程中获得愉悦的感受与体验;启发学生在积极体验的状态下,充分展开想像;保护和鼓励学生在音乐体验中发表独立见解。

2. 模仿。根据学生的身心特点,从音乐基本要素入手,通过模仿,积累感性经验,为音乐表现和创造能力的进一步发展奠定基础。

3. 探究。通过提供开放式和趣味性的音乐学习情景,激发学生对音乐的好奇心和探究愿望,引导学生进行以即兴式自由发挥为主要特点的探究与创造活动,重视发展学生的创造性思维。

4. 合作。充分利用音乐艺术的集体表演形式和实践过程,培养学生良好的合作意识和在群体中的协调能力。

5. 综合。将其他艺术表现形式有效地渗透和运用到音乐教学中,通过以音乐为主线的综合艺术实践,帮助学生更直观地理解音乐的意义及其在人类艺术活动中的价值。

(三) 知识与技能

1. 音乐基础知识。学习并掌握音乐基本要素(如力度、速度、音色、节奏、节拍、旋律、调式、和声等)、常见结构、体裁形式、风格流派和演唱、演奏、识谱、编创等基础知识。

2. 音乐基本技能。学习演唱、演奏、创作的初步技能,能够自信、自然、有表情地演唱歌曲和演奏课堂乐器,了解音乐创作的基本方法。在音乐听觉感知基础上识读乐谱,在音乐实践活动中运用乐谱。

3. 音乐、历史与相关文化知识。了解中外音乐发展的简要历史和有代表性的音乐家,初步识别不同时代、不同民族的音乐。认识音乐与姊妹艺术的联系,感知不同艺术门类的主要表现手段和艺术形式特征。了解音乐与艺术之外的其他学科的联系,拓展音乐文化视野。根据自己的生活经验和已经学过的知识,认识音乐的社会功能,理解音乐与社会生活的关系。

二、 学科课程年段目标

　　根据上述总体目标,"唯美音乐"根据不同年龄段学生的心理发展水平和音乐认知特点,以体现音乐核心素养为目标,通过对课程目标的认真分解,建立"唯美音乐"学科课程的年段目标:

表5-1　七年级音乐学科课程目标

歌唱	能主动地参与各种演唱活动,养成良好的唱歌习惯;了解变声期嗓音保护的知识,懂得嗓音保护的方法;能够正确演唱课堂所学的歌曲。
欣赏	养成关注音乐的习惯,并能判断基本的音乐表现手段;能记住2—3首课堂上欣赏过的主题音乐,并说出曲名。
创编	能够为简单的人物或画面选配音乐或创编配乐;能够制作简单的打击乐器。

表5-2　八年级的音乐学科课程目标

歌唱	1. 能用自然放松的状态主动参与到各种演唱活动中。 2. 能用正确的换气方法演唱,并用声音、速度、力度的变化表现音乐内容。 3. 能够简单分析歌曲的特点与风格,表现歌曲的音乐情绪和意境。能对自己、他人、集体的演唱作简单评价。
欣赏	1. 主动体验音乐所表达的各种情感,并能根据个人的认识对作品的创作手法进行评价。 2. 能够在感知力度、速度、音色、节奏、旋律、和声等音乐表现要素的过程中,了解并评价其音乐表现作用。
创编	1. 能够为简单的旋律进行填词。 2. 能够试着用各种形式表演歌曲内容。

表5-3　九年级的音乐学科课程目标

歌唱	1. 能主动地参与各种演唱活动,养成良好的唱歌习惯。 2. 能够自信地、有表情地演唱歌曲。积极参与齐唱、轮唱及合唱,并对指挥的起止动作、表情等作出正确的反应。 3. 了解变声期嗓音保护的知识,懂得嗓音保护的方法。能够简单分析歌曲的特点与风格,表现歌曲的音乐情绪和意境。能对自己、他人、集体的演唱作简单评价。

欣赏	1. 主动体验音乐所表达的各种情感，并能根据自己的认识对作品的创作手法进行评价。 2. 能够在感知力度、速度、音色、节奏、旋律、和声等音乐表现要素的过程中，了解并评价其音乐表现作用。
创编	1. 能够独立或与他人合作创作 8 小节左右的短曲。 2. 能够为歌曲选编前奏或间奏。尝试用电脑创编音乐。

第四部分 学科课程体系

在多彩的音乐世界中，围绕我校"在美的体验中自主成长"的课程理念，制定"唯美音乐"课程体系，让学生在艺术中感受生活的精彩。

一、学科课程结构

2011 年版的《义务教育音乐课程标准》将 2001 版提出的学科内容整合拓展为"感受与欣赏"、"表现"、"创造"和"音乐与相关文化"四个领域。这四个教学领域相互关联、相互渗透，组成一个有机的整体。新的教学领域的划分，既体现了本学科 21 世纪的发展趋向及本课程性质和基本理念，有利于促进学生的发展，又在不增加课程实施难度的前提下，与传统的音乐课堂教学内容实现了平稳对接。

基于此，"唯美音乐"也从"唯美听辨、唯美唱读、唯美试奏和唯美欣赏"四个方面，结合学校育人理念因地制宜，因材施教制定出以下课程结构。

"唯美音乐"在国家课程标准的架构下，结合学校校本课程开发的理念，以体现音乐四大核心素养为导向，面向全体，注重个性，通过内容丰富、形式多样的教育教学手段，让学生在掌握音乐知识和技能的基础上，提高审美能力。

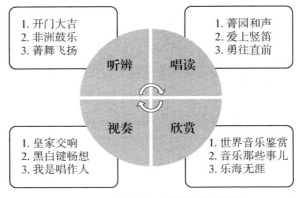

图 5-1 "唯美音乐"课程体系导图

二、 学科课程设置

在保障完成国家课程、地方课程的基础上,我校构建的"唯美音乐"校本课程分为两大类:一类是结合学校衔接教育特色发展开设的必修特色课程,一类是培养学生兴趣爱好、创新精神和实践能力,发展学生个性特长,提高学生的品德修养和审美能力的选修课、活动课。

表 5-4 学校"唯美音乐"年段课程设置表

年级	学期	唯美听辨	唯美唱读	唯美试奏	唯美欣赏
七年级	上学期	开门大吉之歌曲系列	菁园和声之声乐基础	皇家交响之乐器基础	世界音乐鉴赏之中国音乐
	下学期	开门大吉之乐曲系列	菁园和声之合唱魅力	皇家交响之协奏随想	世界音乐鉴赏之外国音乐
八年级	上学期	非洲鼓乐之基础篇	爱上竖笛之基础篇	黑白键畅想之独奏	音乐那些事儿之中国
	下学期	非洲鼓乐之协作篇	爱上竖笛之提高篇	黑白键畅想之斗琴	音乐那些事儿之外国

年级	学期	唯美听辨	唯美唱读	唯美试奏	唯美欣赏
九年级	上学期 下学期	菁舞飞扬	我是唱作人	我是唱作人	乐海无涯

第五部分　学科课程实施与评价

基于学科核心素养的音乐教学就是要在现实情境中引导学生去发现问题、明确任务，以自主、合作、研究等方式去获取知识技能，将知识技能加以运用来解决问题、完成任务，这是一个基本的教学路径。本着以音乐为本，以人为本的教学理念，我校的"唯美音乐"课程在教学内容结构中分为情感、态度、价值观，过程与方法，知识与技能三个方面的内容。在教学实施安排上注意联系学生的生活实际，如家庭、学校、社会生活、节日、假日活动等；以及学生的情感、爱好、理想、梦想，依据学生生理、心理发展规律、身心发展水平和音乐表现特征，选择和制定适应学生接受能力的教学内容和要求。

一、 建构"唯美课堂"，提升音乐课程品位

"唯美课堂"是在实施国家课程、地方课程的前提下，通过对本校学生的需求进行科学分析，充分利用本地课程资源而开发的多样性的课程。唯美音乐的课程开发，不仅让学校教育更具特色，同时也是对国家规定课程教育的补充，充分发挥了教师的主观能动性及教师间的协作科研能力，拓展了学生的知识面，提升了学校的音乐课程品位。

（一）"唯美课堂"的实践操作

课程在实施过程中，不仅包含教师的教，更包含学生的学，兼顾了教师和学生的共

同成长。"唯美课堂"注重教师与学生的共同参与，互相成就，具体实践操作方法如下：

1. 相互合作，寓教于乐。合作学习是现代人学习的重要特征，学会合作，是现代社会人才必备的基本素质，在音乐排练、合唱、合奏、群舞、创作中，都离不开合作的学习形式。学生可以在合作中更真切地体会到相互间协调合作的重要性。感受到只有合作，才能产生成功的艺术效果。教学中同样会有师生、学生之间的合作交流与互动，学生在合作中学会关注和倾听，获得快乐，形成默契，获得尊重；在交流中引起碰撞，相互切磋，取长补短，培养团队精神，增强合作意识，享受音乐学习带来的乐趣。而在课程实施的过程中，教师的角色也由传授者转为引导者、参与者、合作者，使教学在师生平等的条件中进行，师生之间形成合作式的学习共同体。教学过程成为师生交往、共同发展的互动过程，鼓励学生大胆演绎，表达对作品的理解和二度创作的内心情感，促进学生创新意识和实践能力的发展。学生在课堂上的收获，不仅是知识与技能方面的基本认知，也包括情感态度与价值观的改变，丰裕和升华，更能经受内心的震撼、感动以及精神的鼓舞、陶冶和心灵的净化等。

2. 因材施教，循序渐进。因材施教是孔子教学经验的核心，是把培养自由发展的人作为重点，强调个性的充分解放。孔子因人而异的教育是建立在对学生充分了解的基础上的，任何教师只要曾在课堂上进行过观察，都会很快注意到，学校里的孩子在很多方面是不一样的，比如他们的经验，家庭的社会经济地位，文化素养以及学习方式等，这些方面的差异会影响学生的学习情况。通过认识个别差异，教师可以帮助学生利用他们自己的学习经验，获得意义和理解，把自己的教学方法与学生的个别差异学习更好地协调起来。世界上没有两片完全相同的叶子的道理，相信大家都明白，但许多教师在教学中却又常常忘了去理解个中真意。尊重学生的个体差异，享受这种差异给教育者带来的挑战，这才是教育真正的乐趣。

3. 突破单一，个性唯美。结合学校办学特色，充分挖掘并发挥学科特征，让音乐课真正活起来。在音乐课堂的常态教学中，因为受到教学时间、教学空间以及教学内容等条件的限制，学生的创作欲望往往不能得到满足，而校本"唯美课堂"课程的实施正好为学生提供了一个展示自己才能的舞台，音乐活动的内容和形式灵活多样，生动有趣，能够丰富学生的想象力，发挥其创造潜能。

（二）"唯美课堂"的评价标准

音乐课程评价应充分体现全面推进素质教育的精神，贯彻本标准所阐述的课程理念，着眼于评价的诊断、激励与改善的功能。通过科学的课程评价，有利于学生了解自己的进步，增强学习的信心和动力，促进课程教学质量的不断提高。

表5-5　"唯美课堂"评价表

教学理念	符合课标精神，面向全体，充分发挥学生的主动性，突出音乐学科的审美性、兴趣型、参与性、综合性原则。
教学目标	1. 教学目标明确，符合学生实际，注重提高学生审美素养。 2. 关注情感态度与价值观、知识与技能、过程与方法的整合，实现以情感人，以美育人。 3. 学生通过课堂教学，在审美体验价值、创造性、发展价值、社会交往价值、人文价值等方面得到提升。
教学准备	1. 了解学生，钻研教材和教法。 2. 熟练示范，创设适宜的情景。 3. 围绕教学深刻理解和创造性地使用教材，多渠道开发和利用教育资源。
教学内容	1. 正确把握课标要求，创造性地使用教材来处理好教学内容。 2. 明确学科的课程性质和价值，课堂内容适度，难易适中，条理清楚，知识完整。 3. 贴近学生的生活实际，符合学生的认知规律，具有科学性和趣味性。
教学过程	1. 结构严谨，层次清晰，重点难点突出。 2. 善于引导学生感受音乐、体验音乐，积极参与音乐实践。 3. 尊重学生主体地位，注重学法指导，满足个性差异和不同层次的需要。教学方法灵活，实用性强；评价方式科学多样，实事求是，具有激励性；能恰当地运用教育资源。
教学效果	1. 在教学过程中落实三维目标。 2. 创设民主、平等、和谐的教学氛围，师生互动，学生互助合作。 3. 音乐学习兴趣浓厚，思维活跃，心情愉快，音乐素养得到提高。

二、 建设"唯美课程"，丰富音乐课程内容

建设"唯美学科"，响应国家深化音乐课程教育改革，加强学科研究，大幅度地提高学校音乐教育的教学质量的号召。依托地方和学校深厚的文化底蕴，积极开展面向全

体学生经常性的、丰富多彩的课外及校外各类音乐活动,丰富音乐课程内容,激发学生音乐学习兴趣,提升学校文化育人品位。

(一)"唯美课程"的建设路径

随着对课改的思考和实践的不断深入,结合我校"向着美的方向奔跑"的办学理念和"在美的体验中自主成长"的课程理念,音乐学科提出"唯美音乐"的课程建设,最大可能满足不同潜质学生的发展需求,促进学生在共同基础上的选择性学习和个性化发展。我们音乐学科组还注重拓展课程的开发,多方面开发和利用校内外音乐课程资源,建设"唯美音乐"。

我们充分利用学校现有资源,引导学生进行"艺术体验",如皇家交响乐团、菁园合唱队、菁园舞蹈队、竖笛、中外音乐那些事、钢琴斗琴大赛、艺术大舞台等方面的学习,丰富学生的社会、人文知识,加深学生对课程内容的理解,提升学生智慧。

此外,我们还可以利用音乐学科和历史、美术、语文、地理,政治等学科的知识交叉点,进行音乐与历史、音乐与美术、音乐与语文、音乐与地理、历史与政治等拓展课程的学习,建构"唯美学科"体系,通过引导学生进行跨学科学习,帮助学生提高综合学习的能力,建构起完整的知识体系。

(二)"唯美课程"的评价要求

根据音乐学科的特点,"唯美音乐"评价的要求主要有:形成性评价与终结性评价相结合,定性述评与定量测评相结合,自评、互评及他评相结合。各种形式的评价都应该既充分肯定学生的进步和成绩,又找出学习中的差距和不足及改进方法,以促进学生的发展,从而形成贯穿于音乐教学全过程的、生动活泼的良好评价氛围。

表5-6 "唯美音乐节"评价

评价项目	评价内容和要求	分数	得分
学习目标	有具体的音乐审美目标,作用于情感世界,利于培育学生美好的情操、健全的人格。	10	

评价项目	评价内容和要求	分数	得分
内容安排	能采用多种形式引导学生积极参与音乐体验,培养学生良好的音乐感受力与音乐鉴赏能力。 能注意培养学生自信的演唱(奏)能力、综合性艺术表演能力以及用音乐表达个人情感的能力培养学生与他人融洽沟通的能力。	30	
方法手段	面向全体学生,建立平等的师生互动关系,将体验、模仿、探究、合作、综合等手段有效地运用于活动过程中,激发学生学习音乐的兴趣。	30	
学习效果	能较好地体现学生为主体的理念,活动气氛活跃热烈,完成各项学习目标,有效地促进学生音乐审美能力的形成。	30	

三、 创设"唯美音乐节",浓厚音乐学习氛围

以认真落实教育部颁发的《学校艺术教育工作规程》为基础,以学校育人理念和目标为导向,为不断加强和谐校园艺术文化建设,努力营造和谐的校园文化氛围,展示学校素质教育丰硕的成果和广大师生良好的精神风貌,"唯美音乐"创设了"唯美音乐节",在推动学校艺术教育发展的同时不断提高学生的艺术水准和审美能力,丰富学生课余生活,引导学生培养积极健康的兴趣爱好,通过搭建"唯美音乐节"激励学生在自信中成长。

(一)"唯美音乐节"的活动安排

"唯美音乐节"的设置是学校实施素质教育的重要载体,在大合唱比赛、舞蹈大赛、十佳歌手大赛、器乐大赛、钢琴专场等活动中,学生的音乐素养得到充分的展现,体现了学校的素质教育成果,让同学们在活动中定位自我、展现自我、成就自我。在十二月份的元旦文艺汇演和五月份学院广场的"菁园之夜"上,师生同台,激情飞扬。

1. 大合唱比赛　参赛对象：初二年级各班

参赛内容及要求

（1）初二年级各班，必须全班同学参加。每班需准备两首参赛歌曲，一首为校歌，另外一首以"励志"为主题的歌曲。

（2）如需伴奏，请自备U盘伴奏带，并在12月15日前上传到网盘"德育处——艺术节"内相应文件夹。

（3）按规定位置就座。服装统一；精神面貌好；队型排列合理；上下舞台有序。

（4）艺术表现：音准，节奏，感染力强，有特色。

2. 舞蹈大赛　参赛对象：初一、初二、初三学生

参赛内容及要求

（1）初一—初二年级每班限报集体舞蹈节目一个，初三年级自愿参加。

（2）集体舞蹈必须有4人以上（包含4人）参加。

（3）请参赛班级自备U盘伴奏带，并上传到网盘"德育处——艺术节"相应文件夹。

3. 十佳歌手大赛：参赛对象：初一、初二、初三学生

参赛内容及要求

（1）班级海选：各班在自由报名、班内海选的基础上推荐5名以内选手（组合形式以一个名额计）参与第一轮的年级预赛。

（2）年级预赛：选手自选曲目参赛，歌曲内容健康积极，以校园歌曲、励志歌曲为佳。演唱以清唱为主，要求背唱一段歌词。按各年级参赛人数比例及参赛选手演唱水平决定进入决赛名单。

（3）全校决赛：自选曲目一首，内容健康、积极、向上。准备好伴奏音乐，配伴奏完整演唱。服装道具符合歌曲风格、表演大方得体。决赛前一天中午，参赛选手到实验楼四楼音乐办公室进行抽签，并将伴奏音乐上交。

4. 器乐大赛　参赛对象：初一、初二、初三学生

参赛内容及要求

（1）初一、初二年级每班可报集体和个人各一个节目，初三年级只报个人项目。

（2）器乐种类不限，参赛选手自备乐器（钢琴除外），自选曲目一首，时间3分钟左右，要求背谱。

(二)"唯美音乐节"的评价要求

"唯美音乐节"以繁荣校园文化,营造向真、向善、向美的校园文化艺术氛围为宗旨,为学生展示个人才艺与风采搭建舞台,充分展现学生高雅的艺术欣赏能力和艺术表现能力。

表5-7 "唯美音乐节"评价

评价项目	评价内容和要求	分数	得分
学习目标	有具体的音乐审美目标,作用于情感世界,利于培育学生美好的情操、健全的人格。	10	
内容安排	能采用多种形式引导学生积极参与音乐体验,培养学生良好的音乐感受力与音乐鉴赏能力。 能注意培养学生自信的演唱(奏)能力、综合性艺术表演能力、用音乐表达个人的情感的能力以及与他人融洽沟通的能力。	30	
方法手段	面向全体学生,建立平等的师生互动关系,将体验、模仿、探究、合作、综合等手段有效地运用于活动过程中,激发学生学习音乐的兴趣。	30	
学习效果	能较好地体现学生为主体的理念,活动气氛活跃热烈,完成各项学习目标,有效地促进学生音乐审美能力的形成。	30	

四、 建设"唯美社团"，培养音乐学习兴趣

"唯美音乐"以丰富多彩的校园社团活动为抓手,培养学生的音乐素养,以兴趣爱好为动力,注重学生的个性发展。培养学生的审美情趣、乐学善学的自主发展能力以及自我管理能力,增强学生的音乐综合素养。

(一)"唯美音乐社团"的主要类型

结合学校实际,充分挖掘本土资源,"唯美音乐社团"打造了一系列精品课程:《乐森林皇家交响乐团》、《菁园合唱队》、《菁园舞蹈队》、《非洲鼓乐》等。

通过系列课程的学习,在拓展国家基础课程的同时,充盈了学校艺术教育体系,完善了学校艺术教育结构,丰富了学生校园生活。

1.《乐森林皇家交响乐团》:为繁荣校园文化生活,丰富校园文化内涵,提高校园文化品位,结合我校的实际情况,成立校园铜管乐队,以培养学生的艺术兴趣和演奏技能,提高学生的艺术修养和团队协作精神,繁荣校园文化,提高学生对美的鉴赏能力和审美情趣,发展学生的艺术才能,促进素质教育深入开展。

2.《菁园合唱队》:为了丰富我校的业余文化生活,增强学生团队协作意识,提高学生们的综合素质和艺术修养,培养学生科学的发声方法和演唱技巧,为同学们创造一个健康、快乐、和谐的活动环境,促使学生在学校得以健康快乐成长,成立了校园合唱队。合唱队努力开拓每个学生的艺术表现空间,为我校学生搭建一个展示自我、陶冶情操、启迪情感的艺术舞台,帮助他们提高表现的技能和能力,培养每个学生对艺术活动的兴趣,让每个学生都能体验到表现的乐趣。

3.《菁园舞蹈队》:为丰富校园文化生活,提高学生的精神品位和人文艺术修养,进一步展示我校学生的艺术风采和文化底蕴,从而有力地推进学校德育工作建设,为学校校园文化建设发展开辟新途径,作出新尝试,创造新境界,我校特成立菁园舞蹈队。舞蹈可以提高一个人的修养,陶冶一个人的情操,丰富一个人的内涵,显著增强人的理解能力和沟通能力。希望通过舞蹈队这样的艺术团体,为广大学生搭建一个表现自我、超越自我的舞台,并通过这两个团队,培养学生严守纪律、团结协作等优秀品质。

4.《非洲鼓乐》:欢快的鼓点,富有异域风情的服饰,似乎一下子把人带到了遥远的非洲,非洲鼓只有高、中、低三个基本音,但通过控制节奏,就能演奏出美妙的音乐。学校组建"非洲鼓乐"社团既丰富了学校艺术课程,也拓宽了学校的教育视野,让学生有了更丰富的艺术感知经验,全面提升了学校的教育品味。

(二)"唯美音乐社团"的评价要求

"唯美音乐社团"以课程群的形式,全面对接国家艺术教育方针,以人为本,因材施教,全面引导学生的音乐审美体验,让学生在活动中发现美、感受美、体现美、传承美。对于唯美音乐社团,我们采取全过程评价的方式,按照活动的计划、活动的进行、活动的影响和活动的总结四个方面来考评,以社团活动的进行为评价主体。具体考评细则如下:

表 5-8 "唯美音乐社团"活动考评细则表

项目	类别	得 分 要 点	分值	得分
活动的计划	基本分	1. 能根据活动制定合理的活动计划,在指定时间按时交计划书。 2. 能计划出活动中各项活动的进度和时间,有社团成员名单。	10 分	
	奖励分	1. 计划合理,各项活动具体可行,在活动主题、内容、组织形式等方面有创新,可酌情加 2～5 分。 2. 活动计划周密,内容充实、清晰完整,可酌情加 1～3 分。 3. 在计划工作中其他方面工作突出的酌情加 1～2 分。	10 分	
活动的进行	基本分	能成功地完成活动,达到预期效果。活动中没有违反学校规章制度和各项规定。	30 分	
	奖励分	1. 活动按时开始,有条不紊,活动时间安排合理,没有因故影响活动正常进行的情况 1～5 分。 2. 活动的气氛热烈,同学们热情参与,活动过程中社团各社员通力合作 1～10 分。 3. 活动期间的秩序、组织纪律良好,能按时对本社团活动参加学生点名考核,活动过程中没有违规现象 1～5 分。 4. 在活动中其他方面表现突出的酌情加 1～5 分。	20 分	
活动的影响	基本分	活动能在某方面使同学们有所收获。社团活动内容展示效果好。	10 分	
	奖励分	1. 活动完满结束,活动的层面涉及广,达到预期效果酌情加 1～2 分。 2. 同学们普遍反映较好,活动后会员对该社团的活动很满意,酌情加 1～2 分。 3. 能在全校有很好影响,形成代表性活动的酌情加 2～3 分。 4. 能在校外媒体报道的酌情加 2～3 分。	10 分	
活动的总结	基本分	能认真写总结并按时(学期末)上交。	7 分	
	奖励分	1. 认真总结,能为下次活动提供很好借鉴酌情加 1～3 分。 2. 因主观原因没能按时交总结的扣 1 分。	3 分	

五、 开设"唯美音乐乐园",发展音乐多元思维

音乐文化是通过不断积累、传递、更新和创造得来的,所以本身就是一个不断变化

的过程。因此,对于音乐文化来讲,传播是音乐文化的重要发展方式,而"唯美音乐乐园"中多元文化音乐教育则可以更加广泛地完成对音乐文化的传播。在传播民族音乐文化方面,多元文化音乐教育具有明显的优势,在进行外来音乐文化汇聚的过程中,多元文化音乐教育将对多种音乐文化技术、风格和精神进行传播,从而使学生掌握本民族音乐文化的同时,也对世界不同的音乐文化有相当的了解,切实提升学生的音乐素养。

(一)"唯美音乐乐园"的活动安排

初中阶段是国家实施素质教育的关键阶段,某种意义上决定着国家实施素质教育方针的成败。我校作为地方实施素质教育的排头兵,秉持"在美的体验中自主成长"的课程理念,在打造"书香校园"的同时,实施"唯美音乐乐园"方案,推进"艺术校园"建设,通过"每周一歌"、"锡剧进校园"、"班级音乐会"等活动,培养学生的音乐情操,提高学生的音乐素养,全面提升我校学生的音乐情怀和人文素养。

(二)"唯美音乐乐园"的评价要求

秉持"在美的体验中自主成长"的课程理念,结合我校"艺术校园"建设方针,"唯美音乐乐园"采用多种形式引导学生积极参与音乐体验,培养学生良好的音乐感受力与音乐鉴赏能力,注重培养学生的民族音乐感,在拓展多元意识的同时,全面提升我校学生的音乐素养和人文格调。

表 5-9 "唯美音乐乐园"评价

评价项目	评价内容和要求	分数	得分
学习目标	掌握本民族音乐文化的同时,也对世界不同的音乐文化有相当的了解。	10	
内容安排	能采用多种形式引导学生积极参与音乐体验,培养学生良好的音乐感受力与音乐鉴赏能力;能注重培养学生的民族音乐感,拓展多元意识,了解并掌握音乐与相关文化的联系,并能蕴含于音乐鉴赏、表现和创作活动之中;教学内容安排的容量和密度适当,重点突出。	30	

评价项目	评价内容和要求	分数	得分
方法手段	面向全体学生，能将体验、模仿、探究、合作、综合等手段有效地运用于教学活动过程，激发学生学习音乐的兴趣。	30	
学习效果	能较好地体现以学生为主体，师生互动，音乐活动气氛活跃热烈；能完成各项学习目标，有效地促进学生音乐审美能力的形成。	30	

第六部分　学科课程管理

一、思想引领

"唯美音乐"是以国家和地方对校本课程的制定指导为依据，满足学生的音乐学习兴趣，扩大学生的音乐视野，满足学生审美体验及特长发展需要的课程活动。"唯美音乐"校本课程是依托学校教学平台而进行的，通过对不同的音乐形式和内容的整合，构建适合学生、适合本地音乐文化和学校教育的音乐课程。

二、团队建设

音乐学科的特殊性，决定了"唯美音乐"对师资队伍有特殊要求。高素质的教师队伍是加快音乐学科改革和发展、提高特色教育质量的关键。因此，我们制定教师提升计划，对教师进行全方位的基础知识和基本技能的培训，提高教师的艺术修养，形成良好的学习氛围。

三、 制度建构

　　科学严谨的制度是保证课程顺利实施的保障。音乐组从课程总目标、年级段目标、教学目标、课程组团体活动、课程学习、学生目标等方面都做了详细的规划，以保障课程建设的顺利实施。

　　课程分享制度。定期举行课程成果分享会，不同课程之间进行经验交流，博采众长，优势互补，同时听取学生、家长和学校的建议，更好地完善"唯美音乐"学科课程的架构、实施和评价。从课程设计、课程内容、学生评估、师资力量、资源配备、质量保障到基础设施，全方位覆盖"唯美音乐"课程的相关内容。

　　校本教研制度。教研活动精细化。每次活动"四定四有"，要定时间、定地点、定内容、定中心发言人；有计划、有准备、有记录、有材料（活动台帐）。每次备课活动，除了中心议题外，还要针对学生的学习方法等问题作专题讨论。教学上要"四统一"：统一教学要求、统一重点难点、统一课外练习、统一测试。通过各种不同形式的教研活动，提高音乐组的音乐教学水平和教育科研能力。

四、 经费保障

　　"唯美音乐"课程开发获得学校的肯定和大力支持，学校特制定相应的经费保障制度每一学期都有相应的经费拨付，保证教学经费及时、足额投入到教学工作中。

　　1. 统一领导、统筹安排、分级管理、指标控制。在学校的统一领导下，根据教学工作的需要统筹安排和使用各项教学经费，进行分级管理，对各项经费分设经费卡。

　　2. 遵循保证总量、逐年增长的原则。学校每年投入的日常教学经费应不少于当年总额的 30％，且保证生均日常教学经费逐年增长。

五、 课题聚焦

　　"唯美音乐"课程组，从音乐课程的特点、音乐课程的内容、初中生不同年龄段的身心特点等出发，将以"初中生音乐泛在学习课程开发"为核心，不断改进教学，优化教学行为；以"3＋1"，即三人一个组、三年一课题的方式，进一步丰富"唯美音乐"课程的开发，优化"唯美音乐"课程的实施策略。

六、 评价导航

为促进学生全面发展，更好地掌握学生对"唯美音乐"的学习情况，合理、客观、正确地评价每一位学生，我们逐步建立起体现评价内容、主体和方法的多元化，既关注评价结果，更关注"唯美音乐"课程的整个教与学的过程的评价体系。根据《中小学音乐课程指导纲要》的要求，结合我校音乐学科开课情况和进度，以及音乐课的主要特点——实践性，评价采取过程性评价和终结性评价相结合的方式进行，注重学生能力的培养，体现新课改的精神，充分展示学生学习音乐的能力及技巧。

（陈永金）

第六章

馨德园课程：震撼每一个人的心灵

    馨德园课程包含道德与法治、历史、地理等课程。亚里士多德指出："伦理德性帮助人们找到合理原则，使其行为合乎中道；理智德性使人触及普遍的本质，使人们的行为合乎完满德性。"让德性成为内心世界的品行，这便是馨德园课程的使命。

◆ 道德与法治课程 ◆
让心灵转向诗意和美好

　　江苏省南菁高级中学实验学校（以下简称为"南菁实验"）道德与法治学科组由 6 位教师组成，从年龄结构上来讲，老中青兼有，结构合理，具有引领和可持续发展性。从教学经验上来讲，每一位教师都进行过至少一轮初中三年的教学大循环，对教材知识较为熟练，在内容的更新上能做到与时俱进。多人次在省市级别的论文比赛和各级别的课型比赛中获奖，拥有江阴市政治学科组成员 1 名，江阴市优秀教育工作者 1 名，江阴市教学能手 1 名，无锡市教学新秀 1 名。南菁实验政治学科组每一位教师都有较强的责任感和集体荣誉感，具有合作奉献精神，大家在工作中团结和谐，努力拼搏，取得了一定的成绩。随着课程改革的不断推进，政治学科组积极主动地深化课堂改革，研究思想品德教材教法。现依据教育部《关于深化课程改革落实立德树人根本任务的意见》《义务教育思想品德课程标准（2011 年版）》，推进我校道德与法治学科课程群建设。

第一部分　学科课程背景

　　初中是我国教育体系的基础阶段，在这一阶段的教学中，不仅要对学生进行基础知识的普及，还要让学生了解和掌握一些其他方面的知识，以便为学生日后全面均衡地发展奠定基础。对学生进行思想道德方面的教育和基础知识的教育同样重要，因此初中教学阶段安排了"思想品德"这门课程。自 2016 年秋季起，义务教育阶段初中起始年级的"思想品德"教材名称统一更改为"道德与法治"，这是 1949 年新中国成立以来，"法治"二字首次出现在义务教育阶段的课程名称中。从"思想品德"到"道德与法治"，新教材内化了十八届四中全会提出的"在中小学设立法治知识课程"的要求。

一、 以社会主义核心价值观为引领，贯穿价值观教育

道德与法治课程作为德育课程的首要课程，必须将社会主义核心价值与知识教育相结合，但又要超越知识传递性的学习，体现综合性课程的特点。价值观是本课程的根本属性，它与其他属性，包括活动性、综合性、开放性和实践性，形成辩证统一的关系。道德与法治课程是以学生逐渐扩展的生活圈层为基础，以中华优秀文化为载体，以道德观、法治观引领下的良好品德和法治意识养育为两大支点，以学习、践行社会主义核心价值为主轴的一门必修课程。

当今世界正处在大发展大变革大调整时期，社会各界均已认识到，培养学生做什么样的人，怎样做人，是新时期所有教育理想和教育行动的起点和归宿。价值观教育和道德教育正在引领着世界课程改革的潮流，初中道德与法治课程则正是解决这些问题的切口，所以它是整个初中教学过程的重点，是当前教学对每一名学生的最低要求，同时也是培养学生思想意识、人格修养、行为品德、法律素养的重要课程。

二、 初中学生处于特殊的青春转折期，具有独特的心理特征

在新课程改革的大背景下，初中各科学习的要求都有所增加，对道德与法治学科的教学要求也毫无例外跟着提高了起来，再加上初中生处于特殊的青春转折期，具有思维独立、叛逆和情绪易感等心理特征，情绪情感极易发生波动，鉴于以上情况，国家积极安排道德与法治学科教育教学的相关内容，以便引导学生顺利健康成长。

三、 积极实施我校的育人理念和育人目标

中华民族的伟大复兴，关键靠人才，基础在教育。尤其在当前的社会转型时期，学校教育要勇于承担神圣艰巨的育人使命，努力推进处在核心位置的学校课程的改革与发展。初中学生处于身心迅速发展和学习社会公共生活的重要阶段，处于思想品德和价值观念形成的关键时期，迫切需要在思想品德的发展上，得到正确引导和有效帮助，

因此依托学校德育课程,借助各种有效的渠道和方式来加强初中学生的思想品德教育,符合我国社会发展的需要和学生自身成长的需要。

独立建制以来,我校秉持"向着美的方向奔跑"的办学理念,提出"培养积正学、得正识、有实心、行实事的未来强者"的育人目标,并坚持百年书院"自主为先"的办学特色,重视培养学生的自主管理能力,培养学生的自学能力和自觉性,让学生从思想上认识到自己永远是学习的主人,在行动上知道自己该做些什么,学会分清主次,有计划有目的地学习。

第二部分　学科课程哲学

一、学科性质观

道德与法治课程是一门以初中学生生活为基础、以引导和促进初中学生思想品德发展为根本目的的综合性课程。本课程具有以下几个特点:

一是思想性。本课程以社会主义核心价值体系为导向,深入贯彻落实科学发展观,根据学生身心发展特点,分阶段分层次对初中学生进行爱祖国、爱人民、爱劳动、爱科学、爱社会主义的教育,为青少年健康成长奠定基础。这是思想品德课程的根本性质,它决定着课程的方向,规定着课程的基本特征。思想品德课程的其他性质,都是围绕着"思想性"这个方向性的规定产生的,它决定着人们对其他性质的理解。

二是人文性。本课程要尊重学生学习与发展的规律,体现青少年文化特点,关怀学生精神成长需要,用初中学生喜闻乐见的方式组织课程内容、实施教学,用优秀的人类文化和民族精神陶冶学生心灵,提升学生的人文素养和社会责任感。

三是实践性。本课程从学生实际出发,并将初中学生逐步扩展的生活作为课程建设与实施的基础;注重与社会实践的联系,引导学生自主参与丰富多样的活动,在认识、体验与践行中促进正确思想观念和良好道德品质的形成和发展。

四是综合性。本课程有机整合道德、心理健康、法律和国情等多方面的学习内容;

与初中学生的家庭生活、学校生活和社会生活紧密联系；将情感态度价值观的培养、知识的学习、能力的提高与思想方法、思维方式的掌握融为一体。

总而言之，道德与法治这门课程让学生依托"生活"这一资源，穿梭在课堂生活、学校生活、家庭生活和社会生活之间，实现自主地道德学习，让他们在感受生活美好的过程中成为一个有道德的人。

二、　学科课程理念

基于上述思考，我们提出道德与法治课程的核心理念：美好课堂。所谓美好课堂，就是为了美好生活以及在美好生活中的课程与教学理念，其核心指向培养美好的人。基于此，我校道德与法治课程基本理念如下：

（一）"美好课堂"是积极健康的课堂

我们的"美好课堂"核心是帮助学生过积极健康的生活，做美好的人。由于初中学生正处于身心发展的重要时期，自我意识和独立性正在逐步增强，在初中阶段帮助学生形成良好品德，树立责任意识和积极的生活态度，对学生成长为一个美好的人具有重要的作用。本课程的任务是引领学生了解社会、参与公共生活、热爱生命、感悟人生，逐步形成正确的世界观、人生观、价值观和基本的善恶、是非观念，过积极健康的生活，做有见识，对社会、国家、他人负责任的美好之人。

（二）"美好课堂"是有生活味儿的课堂

"美好课堂"是接地气的课堂。本课程以初中生逐步扩展的生活内容为基础，以学生身边所见的熟悉的生活内容为载体，实现对学生的道德素养的提升。人的思想品德是在对生活的认识、体验和实践过程中逐步形成的，本课程就是要学生去感悟、体验和体会，让学生在课堂中就能体验"美好生活"。本课程正是在学生逐步扩展生活经验的基础上，带领他们关注社会现象，通过设置各种情景，抒发内心真实想法，表达自己对生命、对国家、对社会、对他人的美好情怀，师生共同在这些活动中体会成长的美好、面对成长中的问题，为初中生正确认识自我，处理好与他人、集体、国家和社会的关系，提供必要的帮助。

（三）"美好课堂"是有态度的课堂

道德与法治课程坚持正确价值观念的引导与学生独立思考、积极实践相统一。思想品德的形成与发展，离不开学生的生活体验和独立思考，本课程将正确的价值引导蕴涵在鲜活的生活主题之中，注重课内课外相结合，鼓励学生在实践中积极探究和体验，通过道德践行促进思想品德的健康发展。

道德与法治课程以社会主义核心价值体系为方向，引导学生获得思想品德和思想政治基础的理论常识，运用辩证唯物主义的思维方式，培养实际解决问题的能力，逐步形成正确的世界观、人生观和价值观，为学生的终身发展奠定基础。我校"美好课堂"就是以为国家和民族培养全面发展的美好之人为目标，对学生应该具备的多种品质和能力进行解读和阐释，并围绕学生如何拥有这些品质和能力具体而有步骤地开展的教学活动。

第三部分　学科课程目标

初中道德与法治学科核心素养主要包括八个层面的内容：道德品质、心理健康、法治观念、国家意识、政治认同、文化自信、社会和谐、人生价值。学生只有具备了这些素质和能力，才能不断适应社会与生活方式的变化，满足中国特色社会主义政治、经济、文化发展的需要。

一、　学科课程总体目标

本课程以社会主义核心价值体系为指导，旨在促进初中学生正确思想观念和良好道德品质的形成与发展，为使学生成为有理想、有道德、有文化、有纪律的合格公民奠定基础。本课程主要引导和帮助学生达到以下几个方面的目标。

（一）情感目标

让学生感受生命的可贵，养成自尊自信、乐观向上、意志坚强的人生态度。体会生态环境与人类生存的关系，爱护环境，形成勤俭节约、珍惜资源的意识。养成孝敬父母、尊重他人、诚实守信、乐于助人、有责任心、追求公正的品质。形成热爱劳动、注重实践、崇尚科学、自主自立、敢于竞争、善于合作、勇于创新的个性品质。让学生从内心树立规则意识、法制观念，有公共精神，增强公民意识。通过学习让学生热爱集体、热爱祖国、热爱人民、热爱社会主义，认同中华文化，继承革命传统，弘扬民族精神，有全球意识和国际视野，热爱和平。

（二）能力目标

通过学习让学生在今后的生活中能学会调控自己的情绪，能够自我调适、自我控制。能掌握爱护环境的基本途径和方法，养成爱护环境的能力。逐步掌握交往与沟通的技能，学习参与社会公共生活的方法。学习搜集、处理、运用信息的方法，能够积极适应信息化社会。能学会面对复杂的社会生活和多样的价值观念，以正确的价值观为标准，作出正确的道德判断和选择。学习运用法律维护自己、他人、国家和社会的合法权益。

（三）知识目标

通过学习让学生了解青少年身心发展的基本常识，掌握和促进身心健康发展的途径和方法，理解个体成长与社会环境的关系。了解自我与他人，自我与集体关系的基本知识，认识处理自我与他人和自我与集体的基本社会规范与道德规范。理解人类生存与生态环境的相互依存关系，认识当今人类所面临的生态环境问题及其根源，掌握环境保护的基础知识。知道基本的法律知识，了解法律在个人、国家和社会生活中的基本作用和意义。知道我国的基本国情，初步了解当今世界发展的现状与趋势。

二、 学科课程年段目标

依据学生在初中阶段生理和心理会有较大发展变化的特点,本课程对初中三年的
不同年段设立了不同的目标(见表6-1)。

表6-1　道德与法治课程年段目标表

课程目标	情感目标	能力目标	知识目标
七年级	感受中学生活与小学生活的不同,积极进行角色转化。感受成长的连续性,体会人生不同阶段的独特价值和意义。感受梦想的力量,培养积极向上的人生态度。体会学习与个体生命成长的关系,树立终身学习的意识。懂得认识自己虽然很难但重要的道理,以积极的态度接纳自己、欣赏自己。能感受到友谊的美好和力量。愿意打开心扉并付出行动去建立友谊。认同教师职业所蕴含的价值取向,培养尊敬老师的道德品质。体会父母对自己的关爱之情,认同中华文化中"孝"的价值理念,养成热爱父母、孝敬父母、关爱家人的意识。树立正确的生命道德观念,增强生命的责任感和使命感。珍视生命,对生命负责任,养成健康的生活方式。感受青春成长的力量,体会青春的美好。以正确的态度对待性别差异。初步树立正确的爱情观。体会情绪的多样性、复杂性。关注自己的情感,感受生活	提高融入新集体、适应新环境的能力。初步培养运用已有经验分析新问题的意识和能力。学会学习,逐步掌握有效的学习方式方法,提高学习能力,培养良好的学习习惯。掌握正确对待他人评价的方法,能够客观地认识自己。能觉察、反思自己的人际交往状况,觉察自己对友谊的期待,培养自我觉察、反思的能力。与朋友相处时能坚持原则。能够掌握建立友谊的方法,学会正确处理交友中受到的伤害。学会正确对待老师的表扬和批评。提高对家庭关系的分析能力和对亲子冲突产生原因的分析能力。学会结合社会热点观察思考,敬畏生命的表现意义,初步形成对现实生活的复杂情形作出合理判断的能力。增强承受挫折的能力,能够发掘自身的生命力量。增强选择过有意义的生活的能力。学会正确认识和处理心理矛盾的方法。掌握与异性交往的原则与尺度,建立与异性之间的友谊。知	了解中学时代的独特价值和意义,懂得中学生活对个人一生成长的重要性。知道学习是中学阶段的重要任务,知道初中阶段的学习包括知识的获取和各种能力的培养。知道终身学习的意义。了解认识自己的内容和途径。知道友谊最重要的一些特质。了解网上交友的特点,以及带来的影响。了解教师的工作特点,理解老师。知道家的内涵和功能。知道生命的来之不易,知道生命是独特的,不可逆的和短暂的。知道怎样爱护身体,掌握一些基本的自救自护方法。懂得探索生命意义的重要性。了解青春期矛盾心理的表现。了解男生女生的性别差异和性别优势。懂得如何把握青春。了解情绪的分类、影响情绪的因素以及情绪对个人观念和行动带来的影响。知道情绪和情感的联系和区别,形成对情感的基本认知。知道集体对于

课程目标	情感目标	能力目标	知识目标
	中的美好情感,养成积极、乐观的生活态度。热爱集体,培养自觉遵守集体规则的意识,培养责任意识。初步树立尊重法律、敬畏法律、遵守法律的意识。	道行为与后果的联系,学会对自己的行为负责。能够认识和把握自己的情绪。提高对自身情感状态的觉察能力,增强对生活体验的敏感性。提高在集体生活中关爱他人、努力担当、为集体争得荣誉的能力。提高在集体生活中人际交往的能力,形成团队合作的能力。掌握与他人合作的技巧。初步形成自觉按照法律要求规范自己行为的能力。学会自觉接受来自各方面的保护,初步学会运用法律维护自己、他人和集体的合法权益。	个人成长的作用。理解个人意愿与集体规则之间的辩证关系。知道美好集体的作用、美好集体的特征。了解法律的产生和法治化的进程。知道法律是一种特殊的行为规范。了解未成年人需要特殊保护的原因,知道我国通过法律手段对未成年人进行特殊保护,知道依法办事的要求。理解树立法治意识的重要性。
八年级	依据生活经验,感受社会生活的丰富多彩。正确认识互联网,培养对网络生活的正确态度,不回避网络生活,享受健康的网络生活带来的便利和乐趣。树立正确的自由观,认同社会规则与自由的辩证统一。感受诚信做事做人的美好,树立诚信价值观。感受法律的尊严,做尊法学法守法用法的人。明确自身应该承担的责任,增强对他人和社会的责任感。感受关爱的力量,增强关爱他人的意识。树立正确的国家利益观,增强维护国家利益的责任感和使命感。树立总体国家安全观。感受国家的巨大进步,激发自豪感。树立国家一切权力属于人民的宪法理念,感受宪法在国家生活	提高适应社会、参与社会的能力。学习在社会交往和实践中锻炼自己,为个人价值的实现做准备。提升辨识、提取信息的能力,提高合理利用网络的能力。正确认识自由与规则、自律与他律的关系,发展辩证思维能力。逐步形成自觉按照社会要求规范自己活动的能力。能够正确区分负责任行为和不负责任的行为,提高辨别是非的能力。运用全面的、发展的观点,分析关爱他人的意义,提高辩证思维能力。正确认识国家利益与人民利益之间的关系。提高维护国家安全的意识和能力。提高传承辛勤劳动、发扬实干精神的能力,增强接力奋斗的行动力。能澄清对人权认识的	理解个人与社会的相互依存关系。理解社会化的含义。知道网络给人们的生活学习工作带来了极大的便利,知道网络在推动社会进步方面的贡献。知道网络是一把双刃剑。理解社会规则与自由的辩证统一关系。知道尊重的含义,懂得尊重对个人和社会的价值和意义。知道什么是违法,了解违法行为的类别、犯罪的基本特征及刑罚的种类。了解责任的含义及其来源,知道不同的角色承担不同的责任。了解服务社会的活动对个人成长的意义。了解国家利益的内涵和外延,知道国家核心利益的基本内容。了解总体国家安全

课程目标	情感目标	能力目标	知识目标
	中的崇高地位,树立宪法至上的理念。理解公民权利对个人、家庭、社会及国家的价值,感受公民在参与公共生活中对他人、社会和国家应承担的责任。坚持和拥护中国共产党的领导,推动中国共产党领导的多党合作和政治协商制度的完善。感受国家机构的性质、职权,体会国家机构在维护人民当家作主中的作用。感受自由是法律之内的自由,体会法治规范自由又保障自由。感受公平正义是美好社会应有的价值追求。	误区,提高辨别能力,初步形成客观完整的人权概念。学会运用宪法精神来分析和解决学习生活中的实际问题,能够积极参与、组织开展宪法宣传活动。学会依法行使权利,提高参与社会生活的能力。理解权利和义务的关系,提高辩证思维能力。能够从具体的经济现象、政治现象中抽象概括出基本制度对保证人民当家作主的作用,概括出国家机构在维护人民当家作主中的作用。提高对"自由是有限制的、相对的"的辩证认识能力。提高在学习和生活中体验公平、守护正义的实践能力。增强对正义行为与非正义行为的价值判断和辨别能力。	观形成的背景、基本内涵和基本内容。了解祖国所取得的巨大进步和伟大成就。知道人权的实质内容和目标,认识到我国人权的主体和内容都十分广泛。理解宪法是国家的根本法,具有最高的法律地位、法律效力和法律权威。知道我国公民基本权利的具体内容,了解其实现的具体方式。了解公民义务的具体内容和要求。了解我国基本经济制度,理解人民代表大会制度是我国的根本政治制度。了解我国国家机构,理解国家权力机关的性质、职权,特别是在整个国家机关体系中的地位和作用。知道自由、平等在法治意义上的内涵。理解公平、正义的基本内涵。理解公平、正义的价值。
九年级	拥护中国共产党的领导,坚持和发展中国特色社会主义,认同中华文化,弘扬和践行社会主义核心价值观。自觉做改革开放的拥护者和支持者。理解建设创新型国家,弘扬创新精神是时代赋予我们的责任。能够意识到中国科技创新之路任重道远,增强忧患意识,自觉融入大众创业、万众创新之中。树立热爱社会主义民主的意识,培养热爱社会主义祖国	能够运用所学知识对经济现象作出正确的分析,提高搜集资料、解读资料和解决现实问题的能力。理解科教兴国战略的现实意义,培养创新和实践能力。提高在生活中感受民主政治氛围的能力,逐步形成民主习惯。理解参与民主生活的意义,理性行使公民权利,逐步提高参与民主生活的能力。能梳理中国法治建设的历程,理解建设法治中国的要求。在	了解改革开放的历史背景、伟大进程及成就;体会改革开放对中国及世界发展的重要意义;充分认识改革开放就是强国之路。认识科技创新已经成为综合国力竞争的决定性因素;知道建设创新型国家的原因和做法;充分认识教育的重要性;全面认识万众创新。了解我国民主发展历程,知道社会主义民主是一种新型的民主,明

课程 目标	情感目标	能力目标	知识目标
	的情感。自觉参与民主生活,增强社会责任感和主人翁意识,增强热爱社会主义民主的情感。增强法治观念,自觉成为法治的忠实崇尚者、自觉遵守者和坚定捍卫者。树立法治意识,培育法治精神,提高法治素养,积极投身社会主义法治建设。感受中华文化的力量,增强对中华文化的认同感和归属感;体会中华民族精神对于中华民族生存与发展的作用;感受社会主义核心价值观凝结着全体人民共同的价值追求,达成价值认同与共识。体会人口、资源环境问题对于人类发展的影响,理解计划生育、节约资源和保护环境的必要性和重要性,树立共筑生命家园、共建生态文明的意识。树立节约资源、保护环境及可持续发展的意识,形成绿色发展理念,认同创新、协调、绿色、开放、共享的发展理念,增强责任感和使命感。理解坚持"一国两制"才能实现祖国统一。了解九二共识,明确一个中国原则是两岸关系的政治基础。明确公民有维护祖国统一的责任,充分认识国家统一、国家主权、领土完整、国家安全的重要性;增强全面建成小康社会、中华民族复兴的使命感;为我国进入社会主义新时代感到自豪;树立崇高的社会理想,时刻准	宪法和法律范围内行使权利、履行义务,把尊法、学法、守法、用法作为日常生活的方式,增强厉行法治的能力。描述中华文化和中华传统美德的特点及力量;列举中华文化的内容;提升思考、分析、综合的能力。用实际行动弘扬民族精神;提高践行社会主义核心价值观的能力。提高收集整理材料和信息处理提取的能力,提高对基本国策的理解能力,以实际行动保护资源环境。联系实际说明建设生态文明和走绿色发展道路的必要性,提高在日常生活中践行低碳环保理念的能力。能够搜集整理少数民族地区发展的资料;能够分析、理解各民族共同发展繁荣,国家才能和谐稳定、长治久安,自觉维护民族团结。能为实现全国统一建言献策。能够从中华文化、中华民族的根本利益和各民族的共同理想等方面,增强维护祖国统一的情感。通过对民族复兴梦和新时代、新征程的学习,培养辩证、全面和发展地看问题的能力。努力在实现自己梦想的过程中为实现中国梦作出自己的贡献。理解经济全球化的表现及影响。能够结合具体材料培养理解、分析及辩证地看问题的能力。知道中国的担当,显示了中国智慧,也是符合国情的担当,	确社会主义民主的本质特征是人民当家作主,了解社会主义民主的形式和制度。知道行使民主权利的意义和做法,知道增强民主意识的意义和做法。知道全面依法治国是中国特色社会主义的本质要求和重要保障;知道全面推进依法治国的总目标是建设中国特色社会主义法治体系,建设社会主义法治国家。了解政府的作用、依法行政的要求,知道厉行法治是对全体社会成员的共同要求。知道中华文化的产生、内容和意义;知道弘扬中华传统美德的重要性、丰富内涵,了解中华传统美德产生的影响,知道如何弘扬中华文化和中华传统美德。了解中华民族精神的深刻内涵及特点;了解我国人口和资源环境的现状及特点,认识人口和资源环境问题对我国经济和社会发展的影响,明确我国面临严峻的人口、资源和环境问题。正确认识人与自然的关系,知道生态文明的重要性和建设生态文明的措施;明确绿色发展的意义,坚持绿色发展道路要正确处理好人口、资源、环境之间的关系;走可持续发展之路。了解我国民族区域自治制度,以及处理民族关系的基

课程目标	情感目标	能力目标	知识目标
	备承担实现中华民族伟大复兴的历史使命。具有强烈的国家认同感、与国家休戚与共的责任感，以及以百姓之心为心、以天下为己任的使命感。培养开放和包容的心态，正确面对世界文化的多样性。要树立全球意识和国家观念，增强信心，有运用自身的智慧，将困难和挑战转化为发展的动力和契机，更好地为祖国服务的使命感。具有国际视野，自觉增强社会责任感，学会观察、思考各种社会现象，积极参与社会实践活动，培养实践创新能力，为世界发展做贡献。	学会以全球视野与辩证的眼光认识并正确对待中国对世界的责任与担当。培养学生客观分析国内国际形式的能力，正确分析我国面临的机遇和挑战的能力。能够正确认识个人与世界的关系，不断自我更新，逐渐为国家乃至世界承担起更多的责任。	本原则。知道反对分裂的要求；了解新时代、新征程的内涵，明确"两个一百年"奋斗目标。明确我们比历史上任何时代都更接近中华民族伟大复兴，实现中国梦必须坚持党的领导和中国道路；认识到当今的世界是一个开放的、发展的、紧密联系的世界。认识战争的危害及和平的重要性。了解中国与世界的关系，知道我国在国际事务中承担的责任和发挥的重要作用。看到中国未来发展所面临的新风险、新挑战、新机遇，明确面对机遇和挑战的正确态度和要求。知道自己是多样世界中的一员，明白通过自身努力为人类发展和世界进步贡献智慧和力量的道理，积极为世界增添光彩。

第四部分　学科课程体系

为实现上述目标，基于我校的价值追求，我们建立独特的道德与法治学科课程体系。

一、学科课程结构

道德与法治学科课程结构由"成长中的我"、"我与他人和集体"、"我与国家和社会"三部分组成。因此,我校道德与法治学科课程分为"美好之我"、"美好集体"、"美好社会",见下图1所示:

图6-1　南菁实验道德与法治学科课程结构图

(一) 美好之我

随着年龄的增长,学生能依据自己自身的变化来认识自我,养成面对困难的勇气和战胜困难的信心。在生活中做一个自尊自爱的人,能以积极的心态和行动去面对未来。知道法律面前人人平等,心中有法,做一个自律、守法、有爱、积极的美好之人。具体来说,"美好之我"课程主要包括以下内容(见表6-2):

表6-2　"美好之我"课程要求

1. 认识自我	2. 自尊自强	3. 心中有法
1.1　悦纳自己的生理变化,促进生理与心理的协调发展。 1.2　了解青春期心理卫生知识,体会青春期的美好,学会克服青春期的烦恼,调控好自己的心理冲动。 1.3　正确对待学习压力,克服厌学情绪和过度的考试焦虑,培养正确的学习观念和成就动机。 1.4　理解情绪的多样性、复杂性,学会调节和控制情绪,保持乐观、积极的心态。 1.5　客观分析挫折和逆境,寻找有效的应对方法,养成勇于克服困难和开拓进取的优良品质。	2.1　认识生命形态的多样性,理解人类生命离不开大自然的哺育。 2.2　认识自己生命的独特性,珍爱生命,能够进行基本的自救自护。 2.3　自尊、自爱,不做有损人格的事。 2.4　知道行为与后果的联系,懂得每个行为都会产生一定后果,学会对自己的行为负责。 2.5　能够分辨是非善恶,学会在比较复杂的社会生活中作出正确选择。	3.1　知道法律是由国家制定或认可,由国家强制力保证实施的一种特殊行为规范。理解我国公民在法律面前一律平等。 3.2　知道不履行法律规定的义务或作出法律所禁止的行为都是违法行为,理解任何违法行为都要承担相应的法律责任,受到一定的法律制裁。 3.3　知道法律对未成年人的特殊保护,了解家庭保护、学校保护、社会保护和司法保护的基本内容。掌握获得法律帮助和维护合法权益的方式和途径,提高运用法律的能力。

续表

1. 认识自我		2. 自尊自强		3. 心中有法	
1.6	主动磨炼个性心理品质，磨砺意志，陶冶情操，形成良好的学习、劳动习惯和生活态度。	2.6	体会生命的价值，认识到实现人生意义要从日常生活的点滴做起。	3.4	了解违法和犯罪的区别，知道不良心理和行为可能发展为违法犯罪，分析未成年人犯罪的主要原因，增强自我防范意识。
1.7	了解自我评价的重要性，能够客观地认识自我，积极接纳自我，形成客观、完整的自我概念。	2.7	养成自信自立的生活态度，体会自强不息的意义。		

（二）美好集体

学生在与他人的交往中，掌握一些基本的交往礼仪和技能，知道在生活中如何与父母、他人积极沟通。能认识到个人和集体的关系，在集体活动中体会到温暖与力量。主要包括以下内容（见表6-3）：

表6-3 "美好集体"课程要求

1. 交往与沟通		2. 在集体中成长		3. 权利与义务	
1.1	知道礼貌是文明交往的前提，掌握基本的交往礼仪和技能，理解文明交往的个人意义和社会价值。	2.1	正确认识个人和集体的关系，主动参与班级和学校活动，并发挥积极作用。有团队意识和集体荣誉感，感受学校生活的幸福，体会团结的力量。	3.1	了解宪法对公民基本权利和义务的规定，懂得正确行使权利、自觉履行义务。
1.2	了解青春期闭锁心理现象及危害，积极与同学、朋友和成人交往，体会交往与友谊对生命成长的意义。	2.2	学会换位思考，学会理解与宽容，能够尊重、帮助他人，与人为善。	3.2	知道公民的人身权利受法律保护，任何非法侵害他人人身权利的行为，都要承担相应的法律责任。
1.3	体会父母为抚养自己付出的辛劳，懂得孝敬父母和长辈。学会与父母平等沟通，调适"逆反"心理。增强与家人共创共享家庭美德的意识和能力。	2.3	领会诚实是一种可贵的品质，正确认识生活中诚实的复杂性，知道诚实才能得到信任，努力做一个诚实的人。	3.3	知道公民有受教育的权利和义务，学会运用法律维护自己受教育的权利，自觉履行受教育的义务。
		2.4	理解竞争与合作的关系，能正确对待生活中的竞争，敢于竞争，善于合作。	3.4	知道法律保护公民的财产，未成年人的财产继承权和智力成果

续表

1. 交往与沟通	2. 在集体中成长	3. 权利与义务
1.4　了解教师的工作,积极与教师进行有效沟通,正确对待教师的表扬与批评,增进与教师的感情。 1.5　学会用恰当的方式与同龄人交往,建立同学间的真诚友谊,正确认识异性同学之间的交往与友谊,把握原则与尺度。	2.5　知道每个人在人格和法律地位上都是平等的,做到平等待人,不凌弱欺生,不以家境、身体、智能、性别等方面的差异而自傲或自卑,不歧视他人,富有正义感。	不受侵犯,学会运用法律保护自己的经济权利。 3.5　知道法律保护消费者的合法权益,学会运用法律维护自己作为消费者的权益。

(三) 美好社会

引导学生关注社会的发展变化,增强学生关心社会的兴趣和情感,促使学生养成亲社会行为,引导学生正确认识好奇心和从众心理,发展独立思考和自我控制的能力。在现实生活中,能合理利用互联网等传播媒介,初步养成积极的媒介批评能力,学会理性利用媒介参与社会公共生活。体会承担责任的意义,懂得承担责任可能需要付出代价,知道不承担责任的后果,努力做一个负责任的公民。主要包括以下内容(见表6-4):

表6-4　"美好社会"课程要求

1. 积极适应社会的发展	2. 认识国情,爱我中华	3. 法律与秩序
1.1　关注社会发展变化,增强关心社会的兴趣和情感,养成亲社会行为。正确认识好奇心和从众心理,发展独立思考和自我控制的能力。 1.2　合理利用互联网等传播媒介,初步养成积极的媒介批评能力,学会理性利用现代媒介参与社会公共生活。 1.3　了解不同劳动和职业的特点及其独特价值,做	2.1　知道我国的人口、资源、环境等状况,了解保护环境、合理利用资源的政策,形成可持续发展的意识。 2.2　知道我国是一个统一的多民族国家,各民族人民平等互助、团结合作、艰苦创业、共同发展。 2.3　了解我国在科技、教育发展方面的现状,理解实施科教兴国战略的现实意义,认识科技创新的必要性,努力提高自身素质。	3.1　知道中华人民共和国宪法是我国的根本大法,是全国各族人民、一切国家机关和武装力量、各政党和各社会团体、各企业事业组织的根本的活动准则,增强宪法意识。 3.2　知道依法治国就是依照宪法和法律的规定管理国家,体会依法治国基本方

1. 积极适应社会的发展	2. 认识国情，爱我中华	3. 法律与秩序
好升学和职业选择的心理准备。 1.4 知道责任的社会基础，体会承担责任的意义，懂得承担责任可能需要付出代价，知道不承担责任的后果，努力做一个负责任的公民。 1.5 理解遵守社会规则和维护社会公正对于社会稳定的重要性，正确认识和理解社会矛盾，理解发展与稳定的辩证关系。 1.6 积极参与公共生活、公益活动，自觉爱护公共设施，遵守公共秩序，有为他人、为社会服务的精神。 1.7 感受个人成长与民族文化、传承国家命运之间的联系，提高文化认同感、民族自豪感，提高构建社会主义和谐社会的责任意识。	2.4 了解全面建设小康社会的奋斗目标。知道促进城乡、区域协调发展是实现全面建设小康社会奋斗目标的一项重要要求。 2.5 知道中国特色社会主义理论体系。了解我国现阶段基本经济制度和根本政治制度，知道我国各民族人民的共同理想。 2.6 学习和了解中华文化传统，增强与世界文明交流、对话的意识。 2.7 了解文化的多样性和丰富性，尊重不同的文化和习俗，以平等的态度与其他民族和国家的人民友好交往。 2.8 了解当今世界发展趋势，知道我国在世界格局中的地位、作用和面临的机遇与挑战，增强忧患意识。 2.9 认识树立全球观念的重要性，增强为世界和平与发展作贡献的意识和愿望。	略的实施有赖于每个公民的参与，是全体公民的共同责任。 3.3 知道我国环境保护的基本法律，增强环境保护意识，自觉履行保护环境的义务。 3.4 了解建立、健全监督和制约机制是法律有效实施和司法公正的保障，增强公民意识，学会行使自己享有的知情权、参与权、表达权、监督权。 3.5 懂得维护国家统一，维护各民族的团结，维护国家安全、荣誉和利益是每个公民的义务。

二、 学科课程设置

基于道德与法治学科的核心素养要求，我校各年级道德与法治课程在基础课程之外，设置如下校本课程（见表 6-5）。

表6-5　课程设置表

课程设置 学期 年级		美好之我	美好集体	美好社会
七年级	上学期	说说"我是谁" 心驿站之"新朋与老友" 心驿站之"学习的新世界" "活出生命的精彩"故事会 辩论赛之"学习苦大于乐还是乐大于苦" 美好节日	拥有好人缘 "大家心目中的我"采访 正确看待比较采访结果	追我心中那颗星 "绽放我的生命"演讲
	下学期	成长不烦恼 莫让光阴付水流 美好节日	把握异性交往的尺度 正确看待他人评价 模拟联合国之"世界贫困问题"	我眼中的法 人生的意义主题讨论 美好节日
八年级	上学期	"新闻速递"脱口秀 虚拟世界的爱与愁 青春的模样	"新闻速递"脱口秀 "公民的平等"主题讨论 模拟法庭之"消费者维护合法权益"	模拟江阴市人大选举 辩论赛之"关于诚信"
	下学期	"新闻速递"脱口秀 模拟公共场合的文明礼仪 "妈妈（爸爸）我想对你说"活动 美好节日	"新闻速递"脱口秀 辩论赛之"社会秩序的维护靠道德还是法律"	模拟法庭之维护国家利益 "怎样做一个负责任的公民"主题讨论 辩论赛之"个人利益和国家利益的关系"
九年级	上学期	我的梦想展示活动 "我骄傲，我的中华文明" 许下我的愿望	模拟法庭之"维护受教育权利"	"祖国发展我成长"演讲活动 "维护我国各民族的团结"主题活动 美好节日
	下学期	"我爱我的国"演讲活动	感恩南菁	"我在地图上旅行"演讲活动

第五部分　学科课程实施与评价

　　道德与法治课程,应该是贴近实际、贴近生活、贴近学生的,为了让学生在道德与法治课堂里处理好"成长中的我"、"我与他人和集体"、"我与国家和社会"的关系,我们从"美好课堂"、"美好学科"、"美好生活"、"美好节日"、"美好之旅"等方面实施道德与法治课程。

一、 建设"美好课堂",落实学科基础课程

　　为了落实道德与法治学科基础课程的培养目标,我校政治学科组调整"美好课堂"的课程设置,全力打造美好课堂引领下的"大美教育"品牌。

(一)"美好课堂"的实践操作

　　课堂是一门学科的落脚点,通过老师之间的通力合作为学生创造"美"的课堂,在教学中培养学生体会美的能力和分辨社会各种现象的能力,形成正确的价值观,从而指引自己未来的生活。

　　为了使道德与法治课堂成为真正美好的课堂,我们秉承美好温馨的教学理念,期望通过美好课堂教学,让学生不断了解、完善自己,最终成为更好的自己,感受到自我之美、集体之美、社会之美。

　　在教学目标上,我们强调多维丰富,不简单满足于知识目标的实现,而是从情感目标、能力目标、知识目标出发,落实学科基础课程。教学中更多地强调学生能力的增长,情感的丰富。

　　美好课堂的教学内容应该是丰富生动的。既要立足课堂,又要高于课堂。道德与法治学科有自身的特殊性,教师在教学过程中要及时融合时政新闻,使教学内容丰富化,避免单一说教。

每个教师根据自身的教学特点确立自己的教学过程。美好课堂的教学过程是立体活跃的，不局限于固定的教学模式，而是根据课题以及教师自身的教学特点，自己进行调整，进行学生满意的教学。

美好课堂的教学方法是灵动多样的，在讲授法的基础上，结合谈话法、案例法、情境教学法、小组合作法等教学方法来实现教学目标。

美好课堂的教学评价是多元有效的。课堂评价要告别单一的评价方式，既注重学生的知识获得，又重视学生的能力增长，不局限于教师评价，结合学生自评、小组互评展开。

（二）"美好课堂"的评价标准

美好课堂是为了落实学科基础课程而设立的，为了实现这个目标，"美好课堂"设置如下评价标准（见表6-6）：

表6-6　南菁实验"美好课堂"评价标准表

评价指标	评 价 标 准	得分
教学理念 15 分	秉持美好温馨的教学理念，让学生成为更好的个体。	
教学目标 20 分	教学目标从情感目标、能力目标、知识目标三维展开，实现多维丰富。	
教学内容 15 分	1. 准确反映课标的内容要求，正确理解、把握教材的内容，创造性地使用教材。 2. 教学内容与时俱进，充分体现道德与法治课程的时代性特点，注意从学生生活和社会生活中科学合理地选取相关教育资源，充分体现道德与法治课程应有的教育价值。	
教学过程 20 分	1. 创设教学情境，触动学生的内心世界，启发学生的思维，激发学生的探究欲望，增强教学的针对性和主动性。 2. 教学互动性强，学生参与既有一定的广度，又有一定的深度。 3. 课堂开放性强，且收放有度。学生能够发现和提出问题，发表自己的不同见解。教师同时对学生进行道德规范、价值观念的引导，使学生沿着正确的方向学习。 4. 充分发挥教科书引领教学活动的功能，课堂结构合理，教学环节紧凑，教学活动进展有序、自然、流畅。	

续表

评价指标	评价标准	得分
教学方法 15 分	教学方法灵活多样。坚持启发式教学,使用对话法、情境教学法等多种教学方法。	
教学评价 15 分	评价形式多样,具有开放性。	
综合得分		

二、 建设"美好课程",落实学科拓展课程

随着"核心素养"的倡导,课程变革越来越要求考虑学生素养发展的完整性。结构合理、层次清晰、彼此连接、相互配合、深度呼应的连环式课程群的构建,不仅是一种思维,更是一种工具,已成为深化课程改革、优化课程设计的一条有效途径。

(一)"美好课程"的建设路径

根据道德与法治学科组的师资力量,结合教师自身特长,依据课程标准,以国家统编教材为原点,按照"1 + X"形式组建道德与法治学科课程群,"1"是指整合后的基础性课程,"X"是指个性化发展的拓展性课程,是基础性课程的拓展与延伸。课堂延伸到生命、生活、生长的范畴之中,致力于实现每一个孩子的个性发展,体现的是对教育本真的追求。

1. 以教材为课程载体。结合部编版《道德与法治》七年级、八年级、九年级的教学内容,把教材内容有机整合,挑选值得进行拓展的知识开展拓展性课程。

2. 以主题为课程实施框架。结合初中学生的生活经验,课程主要分为三个主题:美好之我、美好集体、美好社会。拓展性课程的根本目的是让学生成为更好的自己。

3. 以教师为课程开发主体。根据道德与法治学科组每位教师的教学风格、知识侧重点开发不同形式的课程,包括辩论赛、模拟法庭、模拟联合国等拓展课程。通过这些拓展课程,丰富学生的生活体验。

（二）"美好课程"的评价标准

根据"美好课程"的建设路径，"美好课程"的评价标准如下（见表6-7）：

表6-7　南菁实验"美好课程"评价标准表

评价项目	评 价 标 准	权重分	得分
课程理念	体现向着美好奔跑的课程理念，从帮助学生成为更好的自己出发。	15	
课程建设方案	基于课程特色，具有时代性、科学性、针对性，所撰写的方案逻辑性强。	20	
课程内容	围绕美好课堂进行准确定位，突出重点，内容丰富。	20	
课程实施	有多维教学目标，丰富的课堂教学活动，提高学生的综合能力。	20	
课程教研	课程教学后，进行深度的教学反思并形成科研论文。	25	
综合得分			

三、 构建"美好生活"，促进学生快乐发展

为了充分发挥道德与法治课程的综合性，提高学生的综合能力，我校道德与法治学科组积极落实美好课程。这些美好课程包括模拟联合国、模拟法庭、心驿站等，通过不同的角色体验，帮助学生感受美好生活，促进学生快乐发展。

（一）"美好生活"的主体角色

美好生活的课程设置使学生在学习基础课程之外，能够有效运用所学知识分析社会热点，调节自身情绪，达到能力的提升。本学科的特色课程为模拟联合国、模拟法庭、心驿站等，同时也是我校选修课体系中的重要组成部分。参与学校特色课程的同时，学生能在课堂之外丰富体验，健康快乐成长。

1. 主体角色活动：模拟联合国。在模拟联合国社团活动中，学生扮演各国的

外交官,依据联合国及其他国际组织的议事规则,讨论当今国际上的热点问题。作为各国代表,参与者在会议中代表的是一个"国家",在会议主席团的主持和引导下,他们通过演讲阐述"自己国家"的立场和观点,与其他国家的代表沟通协作,共同解决矛盾冲突,如世界毒品的问题、贫困人口的问题等。模拟联合国社团活动的目的在于使学生对联合国的运作方式和议事规则有更加深入的了解,同时,模拟联合国社团课着重培养学生们进行有效演讲、有效辩论、有效沟通的能力以及锻炼学生解决问题的能力。此外,在模拟联合国会议中,各位代表所代表的国家并非是自己真正所属的国家,对其他国家政治、经济、外交政策以及一些具体问题的调研,有助于增进国家之间的理解以及加强对多元文化的认同及包容。

2. 主体角色活动:模拟法庭。在模拟法庭社团活动中,让学生选择典型案例,自己扮演"法官"和"当事人",通过亲身扮演庭审的各个角色,学生不仅能听到、看到,更能直接参与其中,形象、直观、生动的"模拟法庭"社团活动,使教育起到事半功倍的效果。模拟法庭社团活动旨在在学生中弘扬学法、懂法、用法、护法的社会风尚,营造积极向上、文明有序的校园文化氛围,同时培养我校学生学以致用、勤于思考、勇于创新的做事态度,充分锻炼其综合素质,为建设社会主义法治社会作出应有的贡献。

3. 主体角色活动:心驿站。在心驿站社团活动中,让学生自己编写心理剧本,并表演剧本。在角色的扮演中,成为更好的自己,能正确处理与他人、集体的关系。在心理剧的团体互动中,当事人本人或邀请其他社会团体成员扮演自己的某种角色,将自己的内心困惑呈现在舞台上,自发而有创造性地演绎自己的想法和感受,从而宣泄情绪,得到领悟,找到解决问题的方法,使参与者达成对自我的了解及人格的完善。

(二)"美好生活"的评价标准

美好生活的目的在于让学生在美好社团中体验不同的角色,感悟身份责任,解决学习和生活中的困惑。具体评价标准如下(见表6-8):

表6-8 南菁实验"美好生活"课程评价表

评价指标		个人评价	组内评价	教师评价	总评
自主学习过程	10分				
合作学习过程	10分				
课堂表现情况	20分				
作业完成情况	20分				
实践能力	20分				
探究能力	20分				
综合素质					

总评取个人评价、组内评价、教师评价的平均值,综合素质得分为总评得分项的总和,综合素质分为 A(优秀,得分 90—100 之间),B(良好,得分 75—89 之间),C(合格,得分 60—74 之间),D(有待努力,得分 60 以下)四个等级。

四、 创办"美好节日",浓厚学科学习氛围

初中学生对节日的喜爱程度是可想而知的。校园节日既是学校文化的重要组成部分,更是全体师生展示魅力的平台,是充分展示学校素质教育成果的好方法。

(一)"美好节日"的实践操作

很多节日都能成为道德与法治的课堂资源,根据这些节日特点,进行教育分类。

第一类是爱国主义教育类节日。在国庆节、国家公祭日等节日中组织观看相关爱国影片及公祭活动,让学生深切地体会到国家存在的目的和价值,体会到国家统一强大的重要性,进行爱国主义教育。

第二类是志愿服务类节日。在中国青年者志愿服务日、中国儿童慈善活动日、全国助残日等公益性节日中,组织学生进行志愿服务实践活动,在劳动中感受劳动的价值和意义,潜移默化地进行爱心善举教育。

第三类是感恩类节日。在母亲节、父亲节、教师节、重阳节等节日中，组织学生进行感恩父母、拜访敬老院等活动，进行孝亲敬老，感恩尊师教育。

第四类是安全教育类节日。在全国中小学安全宣传教育日、交通安全反思日、中国防震日、中国消防宣传日（消防节）、中国交通安全日等节日中进行安全知识讲座，提高学生安全意识，培养学生自我保护的能力。

上述节假日中所进行的德育做法有以下三个"结合"：一是知识与宣传结合，结合教学时间，公布"本月美好节日"，让学生知道本月的重要节日，提前做好准备；二是活动与教材结合，根据教材进度，结合教材内容、学校德育教育要求、学生思想品德实际组织美好节日；三是知道与行动结合，体现知行统一的要求，遵循"知、情、意、行"规律，力求根据学生认知规律和生理、心理特点，对学生晓之以理，动之以情，培养意志，指导行为，使学生养成习惯，起始于知，落脚于行。

（二）"美好节日"的评价要求

针对活动的每个项目的特点，以教师打分加学生投票的方式进行评优。细则如下：

1. "美好节日"板报评比。以班级为单位绘制板报并集中展示，由校德育处老师进行打分，最高为 10 分；其余分数由各班投票获得，每班三票，不得重复投票，按票数多少打分，分值设置为 90 分、85 分、80 分……依次 5 分递减。

2. "美好节日"表演评比。以班级为单位进行评比，由校德育处老师进行打分，最高为 10 分；其余分数由各班投票获得，每班三票，不得重复投票，按票数多少打分，分值设置为 90 分、85 分、80 分……依次 5 分递减。

3. "美好节日"征文评比。每班投稿 3～5 篇，由道德与法治学科组老师集体评选出 5～10 篇优秀作品进行校级展示。严禁家长代笔或上网抄袭。

五、 推行"美好之旅"，让孩子用眼睛发现美好

为了开阔学生的眼界，丰富学生的生活体验，加深对道德与法治学科的兴趣，结合研学旅行课程的要求，我们推行丰富多彩的"美好之旅"。

（一）"美好之旅"的课程设计

结合道德与法治学科的教材内容和初中学生现有的生活经验，我们的"美好之旅"由以下三部分组成。

1. 发现乡村之美。组织学生参观华西村。华西村作为改革开放的典型代表，学生在参观过程中会对改革开放的伟大决策有直观的感受，对所学知识有更深刻的体会。

2. 发现江阴之美。组织学生参观黄山湖公园，在浏览公园的过程中感受环境之美，发现江阴之美，树立环保意识，担负起保护环境的责任。

3. 发现人性之美。组织学生去江阴市儿童福利院开展志愿服务，在活动中践行社会主义核心价值观，发现人性之美。

（二）"美好之旅"的课程评价

旅行是学生非常喜欢的课程之一。为了不让"美好之旅"课程流于形式，让每位学生都能旅有所得，"美好之旅"的课程评价如下（见表 6 - 9）：

表 6 - 9　南菁实验"美好之旅"课程评价表

旅行目的地		旅行时间	
小组成员			
所见所闻（30 分）			
所感所悟（40 分）			
旅行成果展示（教师评分，30 分）			
小组总分			

我们对美好之旅的评价，采用学生小组自评和教师评价相结合的形式，学生自己以小组为单位记录在美好之旅中的见闻和收获，占 70 分，旅行结束之后，每个小组将

旅行的过程通过手抄报、征文等形式展示出来，由教师打分，占 30 分，总分 100 分。对于总分最高的小组，我们将授予"美好勋章"。

第六部分　学科课程管理

校本课程，就是学校的活动类课程、选修课、兴趣活动的继承、规范和发展，将其纳入课表，依据学生需要开发，依据学校资源开发，依据办学目标开发，认真编写教材。

一、价值引领

本课程以社会主义核心价值观为价值引领，将道德与法治课堂的相关内容传授给学生，帮助学生培养良性的道德与法治思维。以核心价值观引领学生的成长，以接地气的生命成长气息贴近学生，养育人性；将中华优秀传统文化中的精髓融入教材，让学生感受到民族文化的血脉，用中华优秀文化熏陶、涵养学生品格，滋养学生的精神家园，最终实现立德树人的价值追求。

我们的美好课堂，就是为了美好生活以及在美好生活中的课程与教学理念，其核心是培养"美好的人"，并以这种价值观念引领课程教学改革。

二、团队建设

美好课堂的美，在于拥有一支强有力的教师队伍。教师是学科发展最根本的保障，一位教师能创造一个品牌，一群教师能形成学科的特色。南菁实验道德与法治学科组每位教师的"教学主张"就变成了我们自己的品牌，每个品牌又组成了一个团队的品牌，这是大家共同的价值追求和努力方向。

为了更好地建设团队，我们道德与法治学科组定期举行团队建设活动，在活动中提高团队凝聚力；定期进行理论学习，用先进的教育理论武装团队。

三、　制度建构

道德与法治学科组有固定的学科组活动,在每周三上午第一、二节课。所属政史地教研组有固定的教研组活动,在每周一上午第三、四节课。不管是学科组内还是教研组内都有相关考核评定制度、公开课制度。当然,每学年学校也会有各种考核评议制度,固定的制度使组内的每位教师能自我鞭策,终身学习。其中,公开课制度是指每学期每位老师都要在组内进行公开课教学;评课制度是指每次公开课教学结束后,进行全组评课,提出建议、发表观点的同时促成共同成长。

四、　校本教研

每周的星期一上午三四节课以及星期三上午的第一二节课是道德与法治学科组固定的教研活动时间。在活动中,除了常规的集体备课等教研活动之外,本组教师重点学习相关课程改革的材料,把新课标的理念渗透到教学中。学科组注重教育教学理论学习,一起研究教育学、心理学、教法等方面的知识,形成正确的教育观点,探索更有效的教学方法。同时,学科组以组内的教学展示课为平台,促进教师的专业成长,积极组织听评课活动,以促进教师相互学习,相互促进,共同提高。

五、　课题研究

道德与法治学科组每位教师从自己的教学主张出发,分别从学法指导、课堂有效教学策略等不同角度确立了自己的小课题研究,学会适时地将课题研究成果运用于教育教学实践中,学会利用各种课题研究成果来促进自己的教学手段、教学模式和教学方法等的变革。组内的每位教师都努力以课题研究为载体,培养科研能力,转变教学观念。

申报"美好课堂"研究课题。以课程开发为契机,积极申报省市级研究课题,或者设立一些子课题进行相关研究。

六、 评价导航

强调课程、教学、评价的整体性,重视评价的过程性。要重视对过程的评价,包括学生在活动中的情感体验、参与程度、投入程度、学习方式等表现,及时评价将促进学生各项学习能力的发展,保证活动的顺利展开。

学校评价：学校成立评价小组,通过听课、听取学生的反馈意见、教学目标的达成程度和教学安排等方式给予评价。

教师自我评价：教师在课程的开发与建设以及教学过程中,进行自我评价,以不断提高自己开发与实施课程的能力。

学生评价：通过问卷、座谈、个别调查等方法了解学生对教师的评价,并以此了解学生的需求,不断提高课程的质量,使之更适合学生发展的需要。

七、 经费投入

学校根据道德与法治学科的实际需要,提供必要的经费和物质保障,保证课程质量的逐步提升。每学年课程建设经费纳入学校年度预算计划,主要用于专家讲课、教学研讨、外出学习、学生奖励等方面。学校每年定期对经费使用情况进行专项的监督、检查,并公布检查结果。

（胡桂娣　冯晓洁）

后记

　　本书所呈现的学校课程规划的基本路径,是我校行政团队和各学科组长一起,在上海市教科院杨四耕老师指导下,历时一年半,进行文本研究和实践学习之后的宝贵成果。

　　它既有对以往操作实践的总结,也有对当下研究的呈现,更有对未来实践的思考。正是有了专家的指导,我们的研究得到了一种高屋建瓴的指引;也正是我们团队老师们热情的投入,我们的研究工作充满了活力与底气。

　　在这里,我们首先要感谢学校课程指导专家杨四耕老师! 他不仅让我们知道如何去梳理提炼学校文化,更让我们知道如何将这些文化融入国家课程,变成学校课程建设的血脉和精气神。

　　我们也要对所有为这次校本课程规划的研究出力的学校领导和老师们表示深深的感谢! 在研究的过程中,大家彼此分享自己的智慧和喜怒哀乐,大家互相给予温暖与关怀,相携而行,走过了一段难忘的旅程。

　　在研究过程中,我们尽可能地遵循教育部关于基础教育课程改革的基本精神,根据我们对义务教育各学科课程标准的理解,从理念层面和操作层面相结合的方向努力,来设计我们的课程规划和实施方案,以推动我们学校的课程改革走向深入。

　　由于我们自身水平的限制,在整理成书时,还是发现了种种不尽如人意的缺憾。有人说,写作的完成就是作品生命的开始,对于这本校本课程规划的小书来说,亦是如此。文字的定稿,只是实施的前奏,这些缺憾,将留待以后在实践中再作改进。

编写组

2019 年 10 月

课堂教学的 30 个微技术	978 - 7 - 5760 - 1043 - 5	52. 00	2020 年 12 月
教学诠释学	978 - 7 - 5760 - 0394 - 9	42. 00	2020 年 9 月
原点教学:提升区域育人质量的策略研究			
	978 - 7 - 5760 - 0212 - 6	56. 00	2020 年 8 月

学校课程发展丛书

数学学科课程群	978 - 7 - 5675 - 9445 - 6	58. 00	2019 年 8 月
科学学科课程群	978 - 7 - 5675 - 9593 - 4	34. 00	2019 年 9 月
核心素养与课程设计	978 - 7 - 5675 - 9462 - 3	46. 00	2019 年 9 月
语文学科课程群	978 - 7 - 5675 - 9441 - 8	56. 00	2019 年 9 月
品牌培育与学校课程	978 - 7 - 5675 - 9372 - 5	39. 00	2019 年 9 月
英语学科课程群	978 - 7 - 5675 - 9575 - 0	39. 00	2019 年 10 月
体艺学科课程群	978 - 7 - 5675 - 9594 - 1	34. 00	2019 年 10 月
跨学科课程的 20 个创意设计	978 - 7 - 5675 - 9576 - 7	34. 00	2019 年 10 月
学校课程与文化变革	978 - 7 - 5675 - 9343 - 5	52. 00	2019 年 10 月

品质课程实验研究丛书

学校课程框架的建构:HOME 课程的旨趣与架构			
	978 - 7 - 5675 - 9167 - 7	36. 00	2019 年 9 月
聚焦育人目标的课程设计:红棉花季课程的愿景与追求			
	978 - 7 - 5675 - 9233 - 9	39. 00	2019 年 10 月
核心素养导向的课程设计:花园式课程的文化与聚焦			
	978 - 7 - 5675 - 9037 - 3	48. 00	2019 年 10 月
学校课程文化的实践脉络:百步梯课程的逻辑与架构			

	978 – 7 – 5675 – 9140 – 0	48.00	2019 年 11 月
学校课程发展策略:SMILE 课程的逻辑与深度			
	978 – 7 – 5675 – 9302 – 2	46.00	2019 年 12 月
聚焦内涵发展的课程探究:芳香式课程的理念与实施			
	978 – 7 – 5675 – 9509 – 5	48.00	2020 年 1 月
以儿童为中心的课程:欢乐谷课程的旨趣与维度			
	978 – 7 – 5675 – 9489 – 0	45.00	2020 年 1 月
学校课程体系的建构:"小螺号课程"的架构与创生			
	978 – 7 – 5760 – 0445 – 8	45.00	2020 年 9 月
聚焦儿童发展的课程范式:暖记忆课程的理念与实施			
	978 – 7 – 5760 – 0580 – 6	38.00	2021 年 3 月

特色学校聚焦丛书

不一样的生命,一样的精彩	978 – 7 – 5675 – 8675 – 8	34.00	2019 年 3 月
童味正醇:特色学校的文化图谱	978 – 7 – 5675 – 8944 – 5	39.00	2019 年 8 月
特色普通高中课程建设探索	978 – 7 – 5675 – 9574 – 3	34.00	2019 年 10 月
儿童是天生的探索者:360°科学启蒙教育			
	978 – 7 – 5675 – 9273 – 5	36.00	2020 年 2 月
做精神灿烂的教师:教师自我成长的 5 个密码			
	978 – 7 – 5760 – 0367 – 3	34.00	2020 年 7 月
让教育温暖而芬芳	978 – 7 – 5760 – 0537 – 0	36.00	2020 年 9 月
快乐教育与内涵生长	978 – 7 – 5760 – 0517 – 2	46.00	2020 年 12 月
故事教育与儿童发展	978 – 7 – 5760 – 0671 – 1	39.00	2021 年 1 月
美好教育:学校内涵发展的循证研究			
	978 – 7 – 5760 – 0866 – 1	34.00	2021 年 3 月

跨学科课程丛书

大情境课程：主题设计与创意评价

| | 978 - 7 - 5760 - 0210 - 2 | 44.00 | 2020 年 5 月 |

社会参与素养的培育模型与干预机制

| | 978 - 7 - 5760 - 0211 - 9 | 36.00 | 2020 年 5 月 |

大概念课程：幼儿园特色主题活动设计

| | 978 - 7 - 5760 - 0656 - 8 | 52.00 | 2020 年 8 月 |

核心素养导向的课堂教学丛书

| 漾着诗性智慧的课堂教学 | 978 - 7 - 5675 - 9308 - 4 | 39.00 | 2019 年 7 月 |

转识成智的课堂教学：核心素养导向的历史教学

| | 978 - 7 - 5760 - 0164 - 8 | 40.00 | 2020 年 5 月 |

学导式教学：学会学习的教学范式

| | 978 - 7 - 5760 - 0278 - 2 | 42.00 | 2020 年 7 月 |

| 高阶思维教学的关键技术 | 978 - 7 - 5760 - 0526 - 4 | 42.00 | 2021 年 1 月 |

特色课程建设丛书

| 教师，生长的课程 | 978 - 7 - 5760 - 0609 - 4 | 34.00 | 2020 年 12 月 |
| 学校课程发展的实践范式 | 978 - 7 - 5760 - 0717 - 6 | 46.00 | 2020 年 12 月 |

丰富学习经历：如歌式课程的愿景与深度

| | 978 - 7 - 5760 - 0785 - 5 | 42.00 | 2020 年 12 月 |

| 学科课程群设计方法 | 978 - 7 - 5760 - 0579 - 0 | 44.00 | 2021 年 3 月 |

学校美育课程的立体建构：菁华园课程的逻辑与框架

| | 978 - 7 - 5760 - 0610 - 0 | 36.00 | 2021 年 3 月 |